이 책의 출판권은 KBS미디어(주)를 통해
KBS와 저작권 계약을 맺은 출판사 **Human&Books**에 있습니다.

KBS 〈해피투게더〉 제작진 지음

1판 9쇄 발행 | 2014. 5. 24.

발행처 | **Human & Books**
발행인 | 하응백
출판등록 | 2002년 6월 5일 제2002-113호
서울특별시 종로구 삼일대로 457 수운회관 1009호
기획 홍보부 | 02-6327-3535, 편집부 | 02-6327-3537, 팩시밀리 | 02-6327-5353
이메일 | hbooks@empal.com

값은 뒤표지에 있습니다.
ISBN 978-89-6078-159-7 13590

야간매점

KBS 〈해피투게더〉 제작진 지음

Human & Books

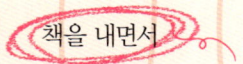

가끔 〈해피투게더3〉의 방송이 끝나는 새벽이 되면, 지인들로부터 사진과 문자메시지가 쇄도한다. "야밤에 이게 웬 테러냐"는 투정부터 "해보니 진짜 대박이다"라는 시식평에 이르기까지 그 내용도 가지각색이다. 가끔 타국에서 공부하고 있는 유학생이나 이제 막 살림을 시작한 초보 주부인 친구들도 소위 '인증샷'과 함께 메뉴 후기를 보내오는 걸 보면 "야간매점"이 보통 사람들의 끼니 해결에 약간의 도움은 됐나 싶기도 하다.

주말을 준비하는 목요일 밤 11시, "야간매점"의 추억이 담긴 맛있고 간단한 스타의 레시피는 '장스밥'을 시작으로 '비빙수', '골빔면'에 이르기까지 저마다의 특색 있는 사연, 기발한 메뉴 명과 함께 이슈가 되고 있다. 덕분에 〈해피투게더3〉 "야간매점"은 '밤참의 유혹에 빠뜨리는 악마의 방송'이라는 평가를 받으며 방송 1년을 넘기고 있다. 기껏해야 라면이나 찬밥을 가지고 하는 간단한 음식일 거라는 초반의 예상과는 달리, '장뇌삼라면' 같은 보양식부터 건강 음료, 빵에 이르기까지 제작진의 예상을 뛰어넘는 화려하고 맛있는 밤참들이 수도 없이 출품되었다. 그리하여 메뉴가 하나도 없던 찜질방 옆 자그마한 야간매점은 어느새 40여 개를 훌쩍 넘는 특색 있는 메뉴들을 갖춘 제법 그럴싸한 분식점(?) 구색을 갖추게 됐다. 이제는 출연을 앞두고 지인들에게 새로운 레시피를 조사하거나 직접 조리 도구까지 준비해 오는 출연자들이 있는 걸 보면, 1등 레시피에 대한 이들의 열정과 시청자의 관심이 "야간매점"을 여기까지 끌고 온 원동력이 아니었나 싶다.

"야간매점"의 1년, 때로는 기억도 안 나는 우리의 레시피가 잘 정리된 블로그를 기웃거리며 몇 번의 밤참을 대신했음을 확인하고, 방송이 끝난 후 시청자들이 올려 주시는 후기와 시식평을 읽으며 제작진도 순간순간 뿌듯하고 기뻤음을 고백한다. '그때 그 밤참이 뭐였더라?' 기억을 떠올리실 누군가를 위해 그동안의 레시피를 모아 책을 발간한다.

이 책이 여러분에게 소소한 행복과 기쁨이 되길 바란다.

2013년 8월
〈해피투게더〉 제작진

책을 내면서 4

제1부 야간매점 등록메뉴

장동민 **장스밥**   자취생의 친구 12
신보라 **비빙수**   팥빙수 사돈의 팔촌 16
박진영 **깨깨오톡**   오백만 불짜리 미숫가루 20
다솜 **다솜면**   초간단 볶음우동 24
붐 **붐플레이크**   군대의 맛 28
이정용 **열정찬밥피자**   냉장고 처리반 찬밥 피자 32
강예원 **카치면**   카레와 치즈의 첫사랑 36
신현준 **울랄라 맥조**   초간단 독일 요리 40
수지 **토달볶**   영양만점 토마토달걀볶음 44
정경미 **묵볶이**   쫄깃쫄깃 저칼로리 48
박하선 **하선전**   꿀에 찍어 먹는 초간단 피자 52
이종혁 **만추**   초간단 만두피 추로스 56
이보영 **광복절 토스트**   마요네즈달걀토스트 60
지성 **지성만두밥**   초간단 감동 만두밥 64
김민정 **고구마마을에 카스텔라 눈이 내린 날**   줄여서 고날 68
윤종신 **군산미라밥**   리소토의 매콤한 변신 72
정준하 **명란운동회**   초간단 명란한상세트 76

홍인구·태경 **눈물 젖은 달걀빵**	홈메이드 달걀빵 80
양상국 **뻥스크림**	뻥튀기 아이스크림 84
이다해 **황도 시집가는 날**	초간단 이색 밤참 88
민지영 **쉿~비밀이야**	양식과 중식의 카오스 92
진구 **진국수**	얼음 공주와 총각 왕자의 앙상블 96
박성호 **닭반이므니다**	덮밥계의 가루상 100
김성원 **세뇨라 케사디아**	멕시코에서 돌아온 104
김경호 **만두랑땡**	만두의 노릇노릇한 변신 108
양지원 **김버라**	라면 맛의 새 장 112
정웅인 **웅떡웅떡**	꿀떡꿀떡 넘어가는 116
양희은 **봄설기**	새로운 봄의 맛 120
이동욱 **까순이**	순대의 럭셔리한 변신 124
김준현 **곱창버거**	버거계의 혁명 128
김나영 **쫑나영**	봄을 부르는 맛 132
김동완 **골빔면**	골뱅이의 새로운 신화 136
페이 **깐풍만두**	글로벌 퓨전 중식 140
이효리 **배드걸피자**	거부할 수 없는 악마의 레시피 144
조갑경 **창난밥**	곱창의 스멜이 나는 창난젓 볶음밥 148
레이먼 킴 **나초 오믈렛**	맛의 신세계 152
강레오 **짜플**	하이브리드 라면땅 156
데니 안 **콘빙수데니**	눈 위에 내린 노란 보석 160
이운재 **국대말이**	국가대표 고기말이 164

웃음 메뉴 제1탄 '해피투게더는 예능! 맛보다 웃음을 선사한 메뉴 168

제 2부 야간매점 추가메뉴

김영철 **내가 만약 출출할 때면**	간장마늘라면	174
존 박 **홍콩라면**	글로벌시티 홍콩의 맛	176
조권 & 진운 **매생이라면**	녹색 라면의 탄생	178
문희준 **토토라면**	토마토가 라면 속으로	180
허경환 **허죽이라면**	라면과 죽 그 사이	182
황정민 **황정면**	국수와 채소의 찰떡궁합	184
김민준 **고파게티**	파스타와 고등어의 퓨전	186
추성훈 **추파게티**	초간단 웰빙 냉파스타	188
김아중 **한국식 뇨키**	두 번 찾아오는 이탈리아의 달콤함	190
박수홍 **골뱅이묵쌈**	건강한 핑거푸드	192
박수홍 **아삭이두부김치**	두부김치를 품은 아삭이 고추	194
신봉선 **간편 콩국**	우유와 두부의 마법	196
박건형 **박건면**	몸짱의 레시피	198
박지선 **고구말이**	고구마를 품은 달걀	200
임형준 **파프리카달걀찜**	파프리카 안의 달걀	202
임수향 **고구마만두**	노랗게 채운 만두 속	204
신혜성 **주먹밥김치볶음**	밤참계의 미니멀리즘	206

케이윌 한판김종국수	달걀 면발이 통통	208
로버트 할리 섬모어	미국식 야식의 위엄	210
엄정화 단떡볶이	복잡한 떡볶이는 끝	212
민효린 참치 토스트 먹어봐써니	고소한 참치 토스트	214
김윤혜 바나나핫도그	옷을 입은 바나나	216
김지민 치즈채소스틱	간단하고 예쁘고 맛있는	218
박지윤 춘권피과일파이	겨울밤의 별미	220
임원희 매콤치즈호	묵은 김치와 호떡의 만남	222
임슬옹 비빔말이	비빔면이 옷을 입었다	224
정준호 사골라면쌈밥	세상 어디에도 없는 희귀한 퓨전	226
허각 매운김밥	햄과 청양고추의 만남	228
김연우 연우칩	초간단 웰빙칩	230
유인나 또인나	자꾸만 생각나는	232
김남주 세븐스타라이스	스타들이 반했던 그 맛	234
하하 여러분의 치킨볶음밥	남은 치킨의 훌륭한 재활용	236
손태영 김치덮밥	매콤한 김치 이불	238
유준상 전설의 핫주먹밥	화끈한 비주얼로 돌아온 막밥	240
오지호 간장양파	초간단 밥도둑	242
은지원 컵밥	컵라면과 참치와 밥의 조화	244
정우 정우콘	부드러운 상쾌함	246
김기리 비빙죽	아이스크림으로 겨울나기	248

웃음 메뉴 제2탄 '해피투게더는 예능! 맛보다 웃음을 선사한 메뉴' 250

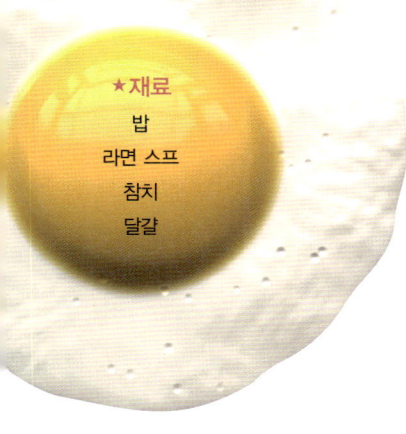

★재료
밥
라면 스프
참치
달걀

흰밥에 예쁘게 덮일 정도로
라면 스프를 뿌려 주세요

참치도
한가득 넣어 주세요

달걀도 깨트려 넣고
맛있게 비벼 주세요

라면 스프와 밥의 오묘한 조화!
태어나 처음 만나는 충격적인 조합,
자취생의 친구 스프밥!

CHEF 장동민

1 흰밥에 예쁘게 덮일 정도로 라면 스프를 뿌려 주세요.
2 참치도 한가득 넣어 주세요.
3 달걀도 깨트려 넣고 맛있게 비벼 주세요.
4 한술 가득 떠서 맛있게 드세요.

매점 스토리

개그맨 장동민

톡톡 튀는 아이디어와 갈고닦은 입담으로 사람들을 웃고 울리는 개그맨 장동민. 하지만 사람들을 웃길 수 있는 무대를 얻기까지는 갖은 고생과 오랜 무명의 시간이 필요한 법. 옹달샘이라는 이름으로 유세윤, 유상무와 함께 트리오 개그를 준비하던 대학 시절, 장동민의 자취방에 자주 찾아오던 친구들에게 식사를 만들어 주다 개발한 요리가 있으니, 이름하여 장스밥!

친구들에게 만날 라면만 끓여주던 장동민, 라면이 지겨워진 친구들이 다른 요리를 요구하자, 비빔밥을 만들어 주겠노라 선언하였다고. 그런데 이게 웬걸, 주방에 비빔밥 재료가 하나도 없었던 것. 장동민은 주방을 통제한 후, 밥에다 라면 스프를 뿌리고 냉장고를 뒤져 찾은 먹다 남은 캔 참치를 일단 투하, 그리고 비비기 뻑뻑하니 계란도 하나 깨어 넣었다. 그리하여, 친구들의 열띤 찬사를 받은 '장스밥'이 탄생하게 되었다. '장스밥'은 야간매점 제1호 등록메뉴가 되는 영예를 얻었다.

장동민처럼 나쁜 남자의 오묘한 매력, 거부할 수 없는 중독성을 지닌 장스밥을 맛보시라!

맛 심사단의 평 (7명 중 6명 선택)

"나쁜 남자의 매력을 담은 요리"

유재석
이건 내 맛이에요!

박미선
태어나 처음 먹어보는 메뉴, 묘하게 중독성이 있다! (그러나 내 아이들에게 먹이기에는…)

최효종
운동 끝나고 허기질 때 처음 만나는 한 숟갈의 느낌!

신봉선
나쁜 남자와 데이트 하다가 그가 가방 놓고 도망간 느낌!

허경환
태평양의 참치가 다이빙을 하다가 라면 공장에 들어간 느낌!

재미있는 응용요리

고추참치 주먹밥

고추참치 캔, 밥, 참기름, 소금

1 팬에 고추참치를 넣고 물기가 없도록 볶아 주세요.
2 따뜻한 밥에 소금과 참기름으로 간을 해주세요.
3 작은 그릇에 랩을 깔아 밥을 눌러 담은 후 오목하게 만들어 주세요.
4 볶아 놓은 참치를 그 안에 담고 다시 밥을 넣어 단단하게 모양을 잡아 주세요.
5 랩을 벗기고 예쁘게 깨를 뿌려 주면 끝!

TIP 참치를 볶을 때 양파나 고추를 넣어도 좋아요! 단, 물기가 많이 남아 있으면 주먹밥 겉으로 붉은 양념이 배어 나오니 주의해 주세요.

참치마요덮밥

참치 캔, 밥, 양파, 달걀, 마요네즈, 김, 소금, 후추, 간장 소스

1 참치는 체에 밭쳐 기름을 빼고, 양파는 채 썰고, 달걀은 소금 후추를 넣고 풀어 주세요.
2 기름 두른 팬에 양파를 볶다 반쯤 익으면 달걀 물을 붓고 천천히 저어 가며 익힙니다.
3 그릇에 밥을 담고 양파와 달걀 익힌 것, 참치를 올리고 마요네즈를 뿌린 후, 김 가루를 올려 주세요.
4 간장 소스로 간을 맞춰서 드세요.

TIP 간장 소스는 데리야끼 소스, 돈까스 소스, 맛간장, 간장+매실액 등을 이용하면 돼요~

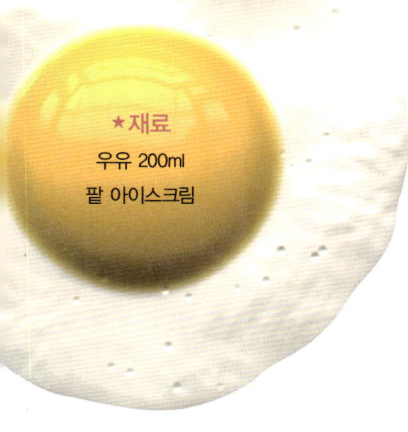

★ 재료
우유 200ml
팥 아이스크림

잘 얼린 우유를
얼음 베이스로 으깨주세요

팥 아이스크림도
으깨서 얹어 주세요

얼린 우유 위에 팥 아이스크림을
얹어 드세요!

보고만 있어도 더위를 물리쳐 주는
팥빙수 사돈의 팔촌!
얼음 대신 우유로, 생팥 대신 아이스크림으로!

CHEF 신보라

1 잘 얼린 우유를 얼음 베이스로 으깨 주세요.
2 팥 아이스크림도 으깨서 얹어 주세요.
3 얼린 우유 위에 팥 아이스크림을 얹어 드세요.

매점 스토리

개그우먼 **신보라**

얼려둔 우유와 팥이 들어간 아이스크림, 그리고 이들을 고루 섞어줄 숟가락 하나면 누구나 즐길 수 있는 여름 계절 야식, 비빙수. 팥을 따로 구해 제대로 팥빙수를 해먹기에는 시간도, 용기도, 부지런함도 부족한 싱글족들을 위한 맞춤 야식이다. 얼음과 아이스크림을 푹푹 섞어주는 조리 과정을 보기만 해도 시원하고 신나는, 아이디어가 돋보이는 상품.

요리 출처에 대한 MC들의 집요한 추궁 끝에 신보라가 실토한 진실은? 자취생의 백과사전 '인터넷에서 봤다는 충격적인 제보! 그리하여 인터넷 정보의 홍수 속에서 그 기원은 끝내 알 수 없게 되었으나, '해피투게더 야간매점에 이 요리를 들고 나온 신보라 덕분에 국민 야식 메뉴가 될 수 있을 듯.

여기서 또 하나 비빙수의 매력은, 무한 응용 가능한 확장성이라 할 수 있으니, 집에 과일이 있다면 과일을 얹어 과일빙수로 발전할 수 있고, 아침 대용으로 즐겨 먹는 시리얼을 올리면 시리얼빙수가 된다는 것. 어디 그뿐인가. 우유도 딸기우유, 커피우유, 바나나우유 등 다양하게 활용 가능하고, 아이스크림도 팥아이스크림, 커피아이스크림, 과일아이스크림 등 다양한 토핑이 가능하니, 그야말로 기호와 취향에 따라 마음껏 즐길 수 있는 야식이다.

맛 심사단의 평 (12명 중 11명 선택)
"진짜 팥빙수와 거의 똑같은 맛"

유재석
어릴 때 막 뛰어가다 첫 골목에서 넘어졌을 때만큼의 충격!

박미선
아주 덥던 여름날 엄마가 마당에 불러 등목을 시켜준 다음, 부채질해서 재워 주던 때의 그 단잠 같은 시원함!

최효종
팥 농사짓는 분과 소젖을 짜는 분이 서로 보고 씩 웃는 그 맛!

신봉선
대학교 때 짝사랑한 오빠의 눈만큼 차갑다!

김원효
진짜 팥빙수와 맛이 거의 똑같다!

재미있는 응용요리

과일빙수와 시리얼빙수

우유, 과일 통조림, 시리얼, 초코 시럽

1 얼린 우유를 그릇에 담고 포크 등으로 적당히 부숴 주세요.
2 과일이나 시리얼을 위에 보기 좋게 올려 주세요.

TIP 과일은 통조림도 생과일도 다 좋아요!

녹차빙수

우유, 녹차 가루, 연유, 녹차아이스크림, 초코 시럽

1 우유에 녹차 가루와 연유를 넣어 잘 섞어 얼려 주세요.
2 얼린 우유를 그릇에 담고 적당히 부숴 주세요.
3 위에 녹차아이스크림을 올리고 초코 시럽을 듬뿍 올려 주면 완성!

★ 재료
미숫가루
검은깨
꿀
두유
물

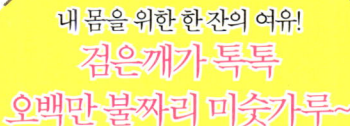

내 몸을 위한 한 잔의 여유!
검은깨가 톡톡
오백만 불짜리 미숫가루~

CHEF 박진영

1 미숫가루에 검은깨 한 스푼을 넣어 주세요.
2 물을 조금 넣어 풀어 주세요.
3 단맛을 꿀로만 조절하세요.
4 시원하게 보관해 둔 두유를 넣어 주세요.
5 골고루 잘 섞이도록 저어 주면 완성!

매점 스토리

가수 겸 프로듀서
박진영

등장 순간, 단지 미숫가루라는 사실에 실망하는 출연진들의 노골적인 반응. 이에 당황한 JYP, 단도직입적으로 선언하였으니, "이것은 여러분의 꿈을 이루어주는 음식입니다!" 연예계에서 자기 관리에 있어서는 둘째가라면 서러울 그. 그도 그럴 것이 뮤지션으로서 프로듀서로서 몸이 몇 개라도 부족할 만큼 바쁜 그에게 건강관리는 실로 필수적인 것이었다.

그의 설명을 직접 들어보자면, "꿈을 이루는 데 가장 중요한 것은 시간 관리와 건강관리이다. 그만큼 건강관리가 중요한데, 특히 꿀이 좋다. 피로한 현대인의 몸에 활성산소가 쌓인다. 꿀은 노화 물질인 활성산소를 배출시키는 항산화 작용이 탁월해, 몸이 늙는 것을 막아준다. 일반 미숫가루가 탄수화물 위주의 섭취라면, 깨깨오톡은 두유를 통해 단백질도 보강하는 영양만점 미숫가루이다."

이 영양학 강의 한 번에 실망했던 출연진의 마음을 단박에 사로잡은 깨깨오톡! 밤참의 속성상 맛과 편리가 가장 우선되는 야간매점의 한계를 극복해줄, 야간매점의 헬스 메뉴 되시겠다. 거기에 깨가 톡톡 터지는 식감까지 더해지니, 지금부터 꾸준히 관리해야 할 100세 인생 시대, 이 어찌 아니 먹어볼 것인가!

맛 심사단의 평 (9명 중 8명 선택)

"건강한 맛 그 자체로 승부하는 스타일"

유재석
깨가 입 속에서 계속 터진다!

박미선
구수하고, 먹는 재미가 있다. 신혼 때 깨 쏟아지던 그 맛!

최효종
쓸데없는 데코 대신 건강한 맛 그 자체로 승부하는 이것이 바로 JYP 스타일이다.

정범균
깨가 씹히는 것이 입 안에서 박진영 씨가 춤추는 느낌!

민효린
담백한 맛, 굉장히 건강한 남자를 만난 느낌!

재미있는 응용요리

오렌지에이드

오렌지, 사이다, 얼음

1 오렌지 껍질을 벗기고 믹서에 갈아 주세요.
2 컵에 얼음을 채우고 사이다와 갈아 놓은 오렌지를 넣어 주세요.

TIP 얼음이나 꿀은 취향에 따라 추가하세요.

바나나 두부 셰이크

바나나 한 개, 두부 1/3모, 우유 200ml

1 바나나, 두부, 우유를 믹서에 넣고 갈아 주세요.
2 견과류나 꿀은 취향껏 넣어 주세요.

TIP 두부의 양은 맛을 본 후 조절하세요.

제1부 야간매점 등록메뉴 ★ 23

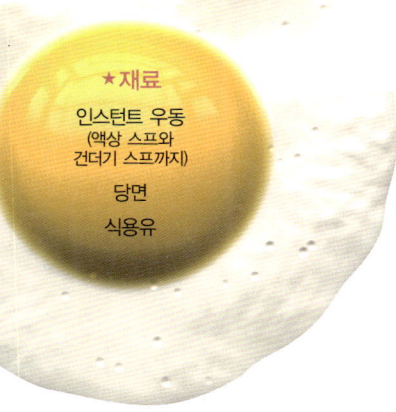

★재료

인스턴트 우동
(액상 스프와
건더기 스프까지)

당면

식용유

1. 한 번 삶아낸 우동면과 당면을 볶아주세요

2. 건더기 소스를 넣고 자작자작하게 면과 잘 볶아 주세요

3. 우동면에 들어 있는 간장 소스를 넣고 간이 배도록 충분히 볶아주세요

4. 집에 남은 해산물을 곁들여주면 해물 볶음면 완성!

가락국수와 당면이 만났어요!
집에서 즐기는
초간단 볶음우동의 매력!

CHEF 다솜

 TIP
양배추나 양파를 곁들이면 더 맛있어요.

1 달궈진 프라이팬에 기름을 두르고 한 번 삶아 낸 우동 면과 당면을 볶아 주세요.
2 우동 면의 건더기 스프를 넣고 자작자작하게 면과 잘 볶아 주세요.
3 우동 면에 있는 간장 소스를 넣고 간이 배도록 충분히 볶아 주세요.
4 집에 남는 해산물을 곁들여 볶아 주면 해물볶음면으로도 가능!

제1부 야간매점 정식 등록메뉴 ★ 25

매점 스토리

시스타 다솜

이날 방송에서는 함께 시트콤에 출연한 승부욕 강한 미녀 삼총사(황신혜, 박지윤, 다솜)의 치열한 경합이 실로 대단하였다. 밤참계 최고의 오디션다운 야간매점의 위상을 실로 체감할 수 있는 방송이었다.

다솜면이 처음 공개되자마자 상당한 견제가 시작되었다. 특히 만들기 어려워 보이는 외관 때문에 다소 위태위태한 출발이었다. 다솜은 이전에도 이미 야간매점에 한 차례 출연한 바 있어 더욱 적극적인 PR에 나섰다.

다솜면은 엄마 아빠가 맞벌이를 하는 바람에 어릴 때부터 다솜이 혼자 자주 해먹던 요리. 가락국수의 두툼함과 당면의 야들야들함이 만나 환상적인 조화를 선보인 음식이었다. 초등학교 시절의 어느 날, 다솜은 친구들을 집으로 초대해 평소 솜씨를 발휘해 볶음우동을 내어놓았는데, 어린 친구들의 정직한 입맛을 완벽하게 충족, 폭발적인 반응을 이끌어 냈다. 다솜 왈, 그날 이후 집이 늘 인산인해를 이루었으며, 일산 일대 초등학교 5학년생은 총출동했다고.

해피투게더 녹화 전 사전 시식을 해본 제작진으로부터도 최고점을 받은 다솜면이 결국 야간매점 제5호 메뉴로 등록되었다.

맛 심사단의 평 (6명 만장일치 선택)

"고량주를 생각나게 하는 고급 중화요리의 맛"

유재석 정말 맛있다. 제작진이 최고점을 줄 만 하다.

박미선 뚱뚱면과 홀쭉면이 만나서 입 안에서 매끈거림과 통통함이 조화를 이룬다!

김준호 고량주를 생각나게 하는 고급 중화요리 같다!

황신혜 맛있긴 한데, 너~무 맛있다 정도는 아니다. (끝까지 견제^^) 하지만 조금 더 달라.

박지윤 괜찮은데, 건강하진 않은 것 같다. (역시 견제^^) 사실은 아이들이 너무 좋아할 맛이다!

재미있는 응용요리

냉우동

우동 면, 오이, 달걀, 김, 쪽파, 가쓰오 국물

1. 가쓰오 국물에 물을 섞어 간을 맞춘 후 냉장고에 넣어 두세요.
2. 오이는 채 썰고, 달걀은 삶아서 반으로 잘라 주세요.
3. 끓는 물에 우동 면을 넣어 익힌 후 찬물에 여러 번 헹궈 물기를 빼두세요.
4. 그릇에 면을 담고 달걀, 오이, 김, 쪽파를 올린 후, 차게 식힌 국물을 부어 주세요.

TIP 육수를 직접 만들어 사용하면 좋지만, 쯔유나 시판 가쓰오 국물을 사용하면 간단하게 먹을 수 있습니다. 얼음을 넣을 경우 국물의 간을 약간 세게!!

어묵볶음우동

우동 면, 어묵, 파프리카, 양파, 당근, 쪽파, 마늘, 굴 소스

1. 어묵은 알맞게 썰고, 파프리카·양파·당근은 채 썰고, 마늘은 편으로 쪽파는 어묵 길이 정도로 잘라 주세요.
2. 끓는 물에 우동 면을 넣어 데쳐서 찬물에 헹구세요.
3. 기름 두른 팬에 마늘을 볶다가 양파, 당근, 어묵, 파프리카를 넣어 센 불에 볶아 주세요.
4. 우동 면을 넣고 볶다가 굴 소스로 간을 하고 쪽파를 넣고 불을 꺼주세요.

TIP 굴 소스가 짜면 올리고당이나 물을 넣으세요. 고추기름으로 볶으면 매콤한 볶음우동이 된답니다!

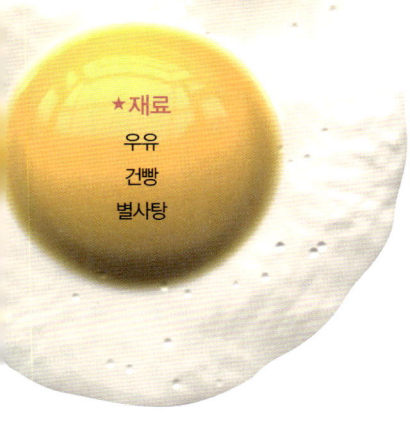

★재료

우유
건빵
별사탕

<붐플레이크> 조리법
● 잘 부순 건빵을 그릇에 담는다

<붐플레이크> 조리법
● 우유를 그릇 가득 붓는다

TIP
건빵 무한 보충 가능. 고칼로리라 밤보다 아침에 먹으면 더 좋은 메뉴랍니다.

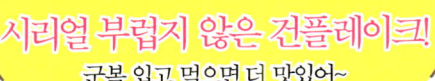

시리얼 부럽지 않은 건플레이크!
군복 입고 먹으면 더 맛있어~

CHEF 붐

1 봉지째 부순 건빵을 그릇에 담아 주세요.
2 우유를 그릇 가득 부어 주세요.
3 단맛은 별사탕으로 조절해 주세요.

매점 스토리

만능엔터테이너 붐

대한민국 남성들에게 군생활의 추억을 불러일으키는 건빵. 그 건빵을 주재료로 만든 야식이다. 군에 입대한 붐이 한창 힘들고 적응에 어려움을 느낄 때, 훈련소 병장이 유독 붐을 예뻐라 해주었더랬다. 어느 날, 자고 있는 붐을 살며시 깨운 병장 왈, "지금 일어나서 화장실 3번째 칸에 가보라"고. 그 훈련소 화장실 3번째 칸에 놓여 있던 감동의 야식이, 바로 이날 야간매점에서 붐 플레이크로 재탄생된 것이다.

군복을 입었기 때문에 맛있었던 것이 아니냐는 의문에, 붐은 (전역한 후인) 지금도 잊을 수 없는 맛이라고 자신했는데. 성공하면 가히 시리얼계의 대혁명이 될 수도 있을 붐플레이크! 그러나 이날 배우 김민준의 호텔 레스토랑급 요리인 '고파게티'를 만났으니, 이 치열한 승부에 야간매점은 거의 폭동을 방불케 하는 열기를 띠었다. 마침내 4대 3, 한 표차 승리를 거두고 최종 시식 메뉴에 선정된 붐플레이크.

최종 맛 심사단의 시식 반응은 그야말로 폭발적이었다. 군대 추억을 떠올리는 남성들의 입맛은 물론 예상외의 부드러움으로 여성들의 마음까지도 사로잡은 바로 그 야식! 칼로리가 좀 있는 편이니, 아침에 먹으면 더 효과 만점일 메뉴.

맛 심사단의 평 (9명 중 8명 선택)

"건빵에서 별사탕 당첨되는 기분"

유재석
정말 훈련소에서 먹었다면 이건 진짜 최고다! 계속 손이 가는 맛!

박명수
시리얼보다 더 맛있다. 기대하지 않았던 새로운 맛의 세계!

박미선
퍽퍽한 건빵과 우유의 부드러움이 만나 카스텔라처럼 촉촉한 맛!

최효종
건빵 뜯을 때 한 번씩 별사탕에 당첨되는 그 기분이다!

정범균
붐 형과 함께한 군생활을 기억나게 하는 맛!

재미있는 응용요리

튀긴 건빵

건빵, 식용유, 설탕

1 팬에 기름을 두르고 건빵을 굽듯이 볶아 주세요. 건빵이 기름을 흡수해서 생각보다 기름이 많이 들어갑니다.
2 약한 불에서 뒤적이며 볶아 주세요.
3 넓은 그릇에 옮겨 설탕을 뿌려요. 한번 식혀서 드세요.

 TIP 건빵을 볶을 때, 약한 불에서 예쁜 갈색이 날 때까지 한눈팔지 마세요. 금방 새카맣게 타버린답니다.

딸기잼우유빵

우유, 딸기잼, 식빵

1 식빵을 먹기 좋은 크기로 썰어 놓아요.
2 우유에 딸기잼을 넉넉하게 풀어요.
3 딸기잼을 푼 우유에 썰어 놓은 식빵을 넣어요.

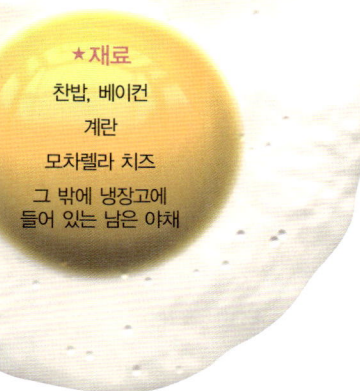

★재료
찬밥, 베이컨
계란
모차렐라 치즈
그 밖에 냉장고에
들어 있는 남은 야채

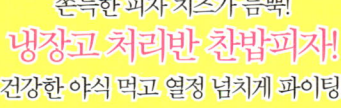

쫀득한 피자 치즈가 듬뿍!
냉장고 처리반 찬밥피자!
건강한 야식 먹고 열정 넘치게 파이팅!

CHEF 이정용

1 잘 데워진 프라이팬에 버터를 둘러 주세요.
2 달걀을 비빈 찬밥을 프라이팬에 넣고 구워 줍니다.
3 입맛에 따라 두부, 치즈, 파프리카, 햄과 양파 등을 토핑해 주세요.
4 마지막으로 치즈를 골고루 뿌리고 익히면 끝이랍니다.

매점 스토리

배우 이정용

찬밥을 피자 빵처럼 활용한 요리로, 찬밥피자 혹은 찬밥부침개라 해도 좋을 듯한 야식이다. 냉장고를 열면 남은 음식이 많이 쌓여 있게 마련, 특히나 찬밥 같은 경우에는 냉장고에 들어가면 그냥 버려지기 일쑤인데, 이걸 어떻게 활용할까 고심해 나온 아이디어 메뉴 되시겠다. 냉장고에 있는 다양한 토핑 재료와 모차렐라 치즈만 구비되어 있으면, 찬밥을 이용해 언제든지 건강하게 먹을 수 있는 요리.

늘 주어진 일에 열정 플러스 열정으로 도전하는 이정용. 그의 열정적인 요리 소개 이후 시식한 MC들도 열광적인 반응을 보였다. 이정용의 열정과 준비가 보답받는 순간이었다.

이날은 유독 황당 메뉴가 많이 등장해 화제가 되기도 하였다. 역대급 황당 메뉴로 꼽힐 만한 야식 메뉴가 3개나 나온 것이다. '엄마 부재 시 밥상'이라는 평가를 받은 박주미의 누룽지 세트, 맘에 드는 찌개가 있으면 그냥 곤약을 투입하면 되겠다는 유머를 불러온 이영아의 곤약된장찌개, 아련한 사연은 최고이나 '두 번 찾지 않을 맛'이라는 김유석의 떡볶이죽이 바로 그 메뉴들. 그 사이에서 미관과 건강 면에서도 최고의 야식 메뉴로 꼽힌 열정찬밥피자였다.

맛 심사단의 평 (8명 만장일치 선정)
"피자에 맛과 건강을 더했다"

유재석
정말 맛있다. 바다의 밥알들이 톡톡 씹히는 맛!

박명수
리소토와 비슷한 느낌으로 맛있다!

최수종
당장 집에 들어가서 아이들에게 만들어 주고 싶은 맛!

박주미
제가 여러분에게 드리고 싶었던 누룽지의 맛이 바로 이 맛이다!

허경환
밖에서 먹는 피자에 맛과 건강을 더했다. 지금까지 나온 메뉴 중 가장 마음에 든다.

재미있는 응용요리

밥전

밥, 달걀, 양파, 파프리카, 햄, 치즈 등

1 냉장고에 남아 있는 자투리 채소들과 햄, 치즈 등을 잘게 썰어 주세요.
2 밥에 썰어둔 재료와 달걀을 (약간 질퍽한 정도로) 넣고, 소금 간을 해주세요.
3 기름 두른 팬에 한 숟가락씩 떠서 앞뒤로 노릇노릇 구워요.

TIP 치즈는 슬라이스 치즈도, 모차렐라 치즈도 좋고, 치즈가 없으면 넣지 않아도 돼요!

떠먹는 떡피자

떡국 떡, 양파, 파프리카, 피망, 소시지, 통조림 옥수수, 스파게티 소스, 모차렐라 치즈

1 떡국 떡은 끓는 물에 데쳐서 말랑하게 준비해 주세요.
2 준비한 토핑 재료들을 적당한 크기로 썰어 주세요.
3 팬이나 깊지 않은 냄비에 떡을 깔고 스파게티 소스를 넉넉하게 발라 주세요.
4 썰어둔 재료들과 물기 뺀 옥수수를 넣고 준비한 치즈를 올려 주세요.
5 뚜껑을 닫고 약한 불에서 치즈가 녹을 때까지 조리해 주세요.

TIP 토핑 재료는 냉장고에 있는 거의 모든 것이 가능합니다. 단단하고 생으로 먹지 않는 야채는 미리 익혀 주세요.

제1부 야간매점 등록메뉴 ★ 35

★재료
라면
3분 카레
슬라이스 치즈

라면 한 개 기준으로
인스턴트 카레 두 팩을 부어 주세요

보글 보글

카레와 치즈의 첫사랑!
한번 먹기 시작하면 계속 손이 가는
최고의 치즈 카레 라면이랍니다!

CHEF 강예원

1 물을 평소의 반만큼만 넣어 자작하게 삶아 주세요.
2 물이 끓으면 라면 한 개 기준으로 인스턴트 카레 두 팩을 부어 주세요.
3 국물이 적게 남을 때까지 충분히 졸여 주세요.
4 면이 익을 즈음 슬라이스 치즈를 올려 주세요.

매점 스토리

배우 강예원

해피투게더 야간매점에 가장 단골로 등장하는 메뉴를 꼽자면 단연 라면일 터. 그야말로 전 국민의 야식인 만큼, 등록메뉴에 오르기 위한 경쟁은 보다 치열한 법인데. 이날 방송에서도 라면 요리가 두 종이나 등장해 경합을 벌였다.

그 하나가 오늘의 등록메뉴인 카치면. 천만 관객을 동원한 영화에서 뚜렷한 인상을 남긴 배우 강예원이 들고 나온 치즈 카레 라면이다. 치즈와 라면은 야식 메뉴로서 거의 불패의 조합인데, 여기에 건강에 좋고 맛도 좋은 카레가 덧입혀졌으니 그야말로 금상첨화!

처음엔 그냥 라면과 카레 각각의 맛이 아닐까 의구심을 품은 MC들은, 치즈 한 장이 불러온 격한 변화를 직접 체험한 후 극찬을 터트리게 된다.

반면 역시 라면 메뉴로 승부를 펼치려 했던 김수로의 요리는 장뇌삼라면. 안타깝게도 카치면의 경쟁 상대가 되지는 못했는데, 우선 장뇌삼과 전복이라는 도무지 야식 메뉴로는 감당하기 힘든 고가에 심마니 정도는 알고 있어야 수급이 가능할 듯한 재료 때문에 일찌감치 경쟁력을 상실하였다. 게다가 장뇌삼의 쓴맛 때문에 익숙지 않은 초심자들의 입맛을 사로잡기에도 다소 무리가 따랐다. 이날 카치면이 맛을 책임졌다면 장뇌삼라면은 유머를 선사했더랬다.

맛 심사단의 평 (7명 만장일치 선택)
"간단한 조합, 그러나 너무 새롭다"

정범균
감기도 낫는 듯한 맛!

김수로
카레의 강한 첫 느낌, 휘몰아치는 치즈 후폭풍, 마침내 카레 장벽을 휘감는 치즈의 맛!

최효종
카레 향을 싫어하는 사람도 취향을 바꾸어 버릴 고소한 맛!

신봉선
라면도 카레도 아닌 전혀 새로운 맛!

이제훈
간단한 조합 같은데, 너무 새롭다!

재미있는 응용요리

카레파스타

푸실리(파스타 면), 감자, 당근, 양파, 소고기, 햄, 카레

1. 준비한 재료를 먹기 편한 크기로 깍둑썰기해 주세요.
2. 팬에 기름을 두르고 볶아 주세요. 고기 먼저 볶아 주면 더 좋습니다.
3. 양파가 반쯤 투명해지면 물을 재료가 잠길 정도로 붓고 센 불에 끓여 주세요.
4. 감자가 다 익어 가면 카레를 넣어 주세요.
5. 끓는 물에 소금을 넣고 푸실리를 삶아 주세요.
6. 완성된 카레에 약간 덜 익힌 푸실리를 넣고 익혀 주세요.

 카레 가루는 물에 개어 주시고, 고형 카레는 그냥 넣으시면 됩니다. 카레에 간이 되어 있으니 맛을 보고 소금 간을 하세요.

치즈볶음라면

라면, 마늘, 양파, 당근, 쪽파, 파마산 치즈

1. 마늘은 편으로, 양파와 당근은 잘게, 쪽파는 송송 썰어 놓아요.
2. 라면은 스프를 넣지 말고 면만 끓여 주세요.
3. 기름 두른 팬에 마늘을 먼저 볶다가 당근과 양파를 넣어 같이 볶아 주세요.
4. 라면을 건져 볶은 재료에 넣고 스프를 반쯤 넣고 볶아 주세요.
5. 그릇에 담고 파마산 치즈를 뿌려 주세요.

 스프가 생각보다 많이 짜기 때문에, 1/3쯤 넣어 간을 보고 다시 넣으세요.

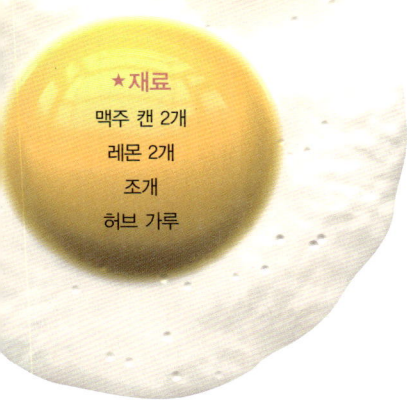

★ 재료
맥주 캔 2개
레몬 2개
조개
허브 가루

맥주를 품은 조개,
초간단 독일 요리의 매력으로!
소스도 다양하게 즐길 수 있답니다!

TIP
국물은 먹는 게 아니랍니다.
허브를 꼭 넣어 향을 담아
주실 것!

CHEF 신현준

1 해감이 된 조개를 냄비에 담아 주세요.
2 조개가 충분히 잠길 정도로 맥주를 부어 주세요.
3 레몬 한두 개를 통으로 썰어 냄비에 넣고 보글보글 끓여 주세요.
4 레몬을 짠 후 허브 가루를 뿌려 소스를 만들어 주세요.

매점 스토리

배우 신현준

문자 그대로 맥주와 조개의 절묘한 만남, 거기에 레몬과 허브의 향이 배어들면서 고급 요리의 맛을 전해주는 그런 야식이다.

사연인즉슨, 신현준이 베를린영화제를 방문했을 때 통역을 맡아 주신 영화 감독님이 독일에 오면 꼭 해야 할 것 두 가지를 추천해 주었다고. 그중 하나가 혼탕 체험. 감독님 왈, "독일에 오면 혼탕에 꼭 가봐야 해. 배우는 기억도 안 나, 혼탕만 기억나. 배우는 영화로 보면 되지만 혼탕은 영화도 없어." 그 말에 혹해 혼탕에 간 신현준. 다시 감독님의 주의 사항이 이어지고, "동양인들은 자꾸 의식을 한다. 절대 의식하지 말고 응시하지 마라. 가리지도 말고 당당하게, 자연스럽게 행동하라"던 감독님, 그러나 혼탕 사우나에 들어가는데 안경도 벗지 않고 수건까지 챙겨 들어가는 게 아닌가. 안에서 습기만 차면 안경을 닦고, 주변을 살피시는 걸 보고, 그분에 대한 이미지가 완전 깨졌다고.

그 감독님이 추천한 독일에서 꼭 해야 할 것 두 번째가 바로 맥주조개를 먹어보는 것. 앞선 실망으로 맥주조개에 대한 기대도 별로였는데, 이게 웬걸, 먹어 보니 너무 맛있더라는 것. 그리하여 그의 단골 야식 메뉴가 되었다. 맥주의 잔향에 졸아들면서 쫄깃쫄깃해진 조개를 새콤달콤한 레몬 소스나 달콤한 치즈에 찍어먹는 맛이야말로, 우리가 꿈꾸는 야식의 진풍경이 아닐까.

맛 심사단의 평 (7명 중 6명의 선택)

"이런 조개 맛은 처음이다"

유재석
쫄깃쫄깃하고 새콤달콤한 맛이 일품이다!

박미선
굉장히 묘하게 입에 들어왔을 때 맥주 향이 나면서, 고급 요리 느낌이 난다. 이런 조개 맛은 처음이다.

김정은
맥주의 잔향이 조개에 배어든 맛!

신봉선
굉장히 담백한 맛이다!

최성국
(신현준과 경쟁하느라 4개월간 조개를 먹지 않겠다는 말도 깜박 잊고) 상당히 먹을 만하다.

재미있는 응용요리

바지락 술찜

바지락, 마늘, 청양고추, 쪽파, 청주

1. 바지락은 해감을 시켜 깨끗이 씻어 건져요.
2. 마늘은 편으로 썰고 청양고추와 쪽파는 송송 썰어요.
3. 냄비에 기름을 살짝 두르고 마늘을 볶다가 청양고추를 넣어 같이 볶아 주세요.
4. 마늘과 고추를 볶은 팬에 바지락을 넣고, 청주를 자작하게 부어서 몇 번 뒤적인 후, 뚜껑을 덮고 끓여 주세요.
5. 바지락 입이 벌어지면, 그릇에 담고 쪽파를 뿌려 주세요.

TIP 간은 따로 하지 않아도 적당해요. 하지만 싱겁게 느껴지면 소금을 조금 넣어 주세요.

조개탕

바지락, 청양고추, 쪽파

1. 소금물에 담가 해감을 시킨 바지락은 깨끗이 씻어 주세요.
2. 냄비에 바지락을 넣고 바지락이 넉넉하게 잠길 정도로 물을 부어 끓여 주세요.
3. 바지락이 입을 벌리기 시작하면 청양고추를 넣고 소금으로 간을 맞춰 주세요.
4. 그릇에 담고 쪽파를 올려 주세요.

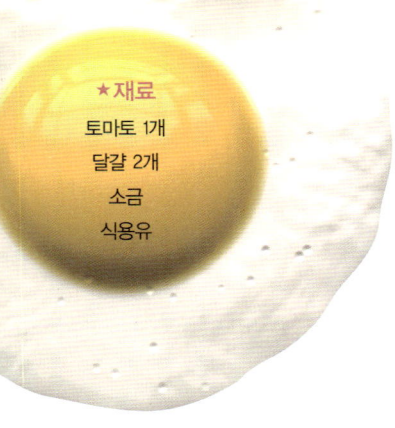

★ 재료

토마토 1개
달걀 2개
소금
식용유

1. 토마토를 먹기 좋은 크기로 썰어 주세요

2. 달걀 두 개를 풀고 소금 간을 조금 해주세요

3. 토마토는 물이 나오도록 누르며 볶아 주세요.

4. 달걀과 토마토를 같이 넣고 한번 더 볶아 주세요

토마토와 달걀만 있다면!
영양만점 토마토달걀볶음,
국민 첫사랑 수지의 야식 메뉴~

CHEF 수지

 TIP
맨 처음 볶을 때는 토마토와 달걀을 따로 볶아 주세요.

1 토마토를 먹기 좋은 크기로 썰어 주세요.
2 달걀 두 개를 풀고 소금 간을 해준 다음, 볶아 주세요.
3 토마토는 물이 나오도록 누르면서 볶아 주세요.
4 달걀과 토마토를 같이 넣고 한번 더 볶아 주세요.

매점 스토리

미쓰에이
수지

이날 야간매점은 요리왕 특집으로 박수홍, 송은이, 하하, 수지가 출연해 뜨거운 경쟁을 펼쳤다. 네 출품자의 요리 모두 맛과 매력이 넘쳤으나, 최종 승자는 수지의 토달볶이었다. 초간단 초저렴이라는 야간매점 콘셉트에 가장 부합하는 음식이기도 하였다.

같은 미쓰에이 멤버인 페이에게서 수지가 사사한 메뉴. 요리 잘하는 페이는 몇 시간씩 걸리는 중국요리도 뚝딱 만들어 내곤 하는데, 토달볶은 손쉽고 빠르게 만들 수 있는 요리라 수지도 배웠다고. 토마토에서 나온 수분이 계란을 촉촉하게 적셔 주니, 배는 고픈데 먹을 건 없을 때 비용 대비 최고의 효과를 기대할 수 있는 메뉴이다.

이날 가장 강력한 라이벌 요리는 나트륨 줄이기 홍보 대사이기도 한 박수홍의 건강 야식 골뱅이묵쌈이었다. 도토리묵과 골뱅이를 오이로 감싼 핑거푸드 요리로, 수지조차도 먹어 보고 반한 맛과 영양을 자랑하였으나, 상대적으로 높은 원가와 재료의 접근 용이성, 그리고 손이 많이 갈 것 같은 조리 과정 등의 이유로 토달볶에 밀리고 말았다.

결국 국민 첫사랑 수지처럼 달콤하고 상큼하며, 자작한 국물이 야채수프처럼 깔끔한 토달볶이 제11호 등록메뉴가 되었다.

맛 심사단의 평 (7명 중 6명의 선택)
"토마토 수프 느낌의 오믈렛"

유재석
토마토 수프 같은 느낌의 오믈렛. 국물까지 깔끔하다.

박명수
수지처럼 상큼한 메뉴다!

박수홍
촉촉하게 녹아드는 맛이 일품이다.

하하
상큼 토마토와 담백 달걀의 조화!

허경환
달걀 농장과 토마토 농장에서 서로 술래잡기하는 느낌!

재미있는 응용요리

스크램블 에그

달걀, 방울토마토, 브로콜리, 파프리카, 양파, 햄이나 베이컨, 치즈, 소금, 후추

1. 달걀은 잘 풀어 소금과 후추로 간을 하고, 브로콜리는 끓는 물에 소금을 넣고 살짝 데쳐 주세요.
2. 방울토마토는 반으로 자르고, 나머지 재료들은 먹기 편한 크기로 잘라 주세요.
3. 팬에 기름을 두르고 방울토마토를 먼저 넣고, 나머지 재료들을 넣어 토마토가 부드러워질 때까지 볶아요.
4. 팬에 버터를 넉넉하게 넣고 달걀물을 부어서 밑면이 살짝 익으면 저어 주고, 볶아 놓은 재료와 준비한 치즈를 넣어서 함께 저으며 조리해 주세요.

TIP 치즈가 녹을 정도로, 달걀이 너무 익지 않을 정도로 조리하는 것이 관건입니다.

토달토스트

식빵, 달걀, 토마토, 슬라이스 치즈, 파마산 치즈 가루

1. 토마토는 도톰하게 썰고, 식빵은 한쪽 면에 버터를 발라 주세요.
2. 달걀은 소금 간을 해서 잘 풀어, 기름을 뿌린 프라이팬에 도톰하게 부쳐 주세요.
3. 팬에 식빵과 토마토를 살짝 구워 주세요.
4. 식빵-달걀-슬라이스 치즈-구운 토마토순으로 올리고 위에 파마산 치즈 가루를 뿌려 주세요.

★재료
말린 묵, 간장
고추장, 다진 마늘
설탕, 양파와 버섯

"말린 묵을 따뜻한 물에 불리고 물기를 제거해 주세요."

TIP
기호에 따라 양파와 버섯 등을 넣어 드세요.

"고추장과 다진 마늘을 넣고 국물이 자작해질 때까지 졸여 주세요."

떡을 질투한 묵의 반란!
쫄깃쫄깃 저칼로리 묵볶이,
이것이 정녕 야식이란 말입니까!

입맛에 맞게 **설탕 투척!**

CHEF 정경미

1 말린 묵을 따뜻한 물에 불리고 물기를 제거해 주세요.
2 물과 간장을 넣고 묵을 끓여 주세요.
3 고추장과 다진 마늘을 넣고 국물이 자작해질 때까지 졸여 주세요.
4 입맛에 맞게 설탕을 넣어 주세요.

매점 스토리

개그우먼 **정경미**

말린 묵을 불려 떡볶이로 만든 아이디어 야식 메뉴. 방송 당시에는 남자친구, 현재는 남편이 된 개그맨 윤형빈이 연인 정경미를 위해 추천해 준 메뉴라 사랑도 듬뿍 담긴 레시피라 하겠다. 묵볶이의 매력 포인트를 꼽자면 무엇보다 열량이 적은 체중 조절용 밤참이라는 것. 묵의 건강함과 저칼로리 식단에, 쫄깃쫄깃한 식감과 떡볶이의 맛까지 고루 갖춘 최고의 건강 메뉴 중 하나 되시겠다.

그러나 공개 직후 먼저 시식한 두 MC의 첫 반응은 "쓰다"였는데, 사실 이는 묵볶이 직전에 출품된 개그우먼 김영희의 고칼로리 초코정식을 시식한 직후였던 탓. 입이 단맛에 너무 길든 탓으로 밝혀져 곧바로 재평가가 이루어졌다. 박미선의 시식과 두 MC가 입을 헹군 후 다시 시식하고 보인 반응은 역시 "맛있다"였으니, 하마터면 매력 만점의 야식 메뉴 하나를 놓칠 뻔하였다.

마른 묵은 요즘 쉽게 마트에서 구할 수 있다. 저녁 야식을 염두에 둔다면 저녁 시간 TV를 보면서 미리 불려 두어야, 정작 먹을 때 간단하게 해먹을 수 있다는 점을 꼭 기억하시길. 이날 야간매점은 묵볶이 외에도 KBS 개그콘서트에 출연하는 희극 여배우들의 입담과 유머로 시종일관 유쾌 상쾌 통쾌하고 건강한 웃음이 넘쳐 야식 못지않은 재미를 선사하였다.

맛 심사단의 평 (7명 만장일치 선택)
"고향 냄새 나는 겨울용 밤참"

유재석
떡보다 더 쫀득쫀득!

박미선
따뜻해서 고향 냄새 나는 겨울용 밤참이다. 밤에 남편과 함께 먹고 싶다.

김준호
술 많이 마시는 사람에게는 조금 밍밍할 수도 있겠다. 하지만 맛있다.

김지민
누군가와 함께 먹고 싶은 맛.

허경환
맛은 떡볶이, 부담은 제로, 씹는 맛 좋고 칼로리 낮고 최고다.

재미있는 응용요리

묵무침

도토리묵, 오이, 양파, 당근, 상추, 깻잎, 양념장(간장, 고춧가루, 다진 마늘, 다진 파, 참기름, 깨)

1. 도토리묵은 도톰하게, 준비한 채소는 먹기 좋은 크기로 썰어 주세요.
2. 양념장은 재료들을 너무 뻑뻑하거나 짜지 않게 배합해 주세요. 설탕이나 올리고당을 약간 넣어도 좋아요.
3. 채소와 도토리묵을 넣고 양념장을 끼얹어 살살 버무려 주세요.

묵사발

도토리묵, 오이, 김치, 김 가루, 멸치육수

1. 도토리묵은 너무 굵지 않게 적당한 길이로 썰어 주세요.
2. 오이는 채 썰고, 김치도 오이 두께 정도로 썰어 주세요.
3. 그릇에 도토리묵을 담고, 오이와 김치 그리고 김 가루를 얹고 준비한 육수를 부어 주세요.

 TIP 멸치육수 대신 시판하는 냉면 육수를 살짝 얼려서 사용하면 시원한 냉묵사발이 된답니다.

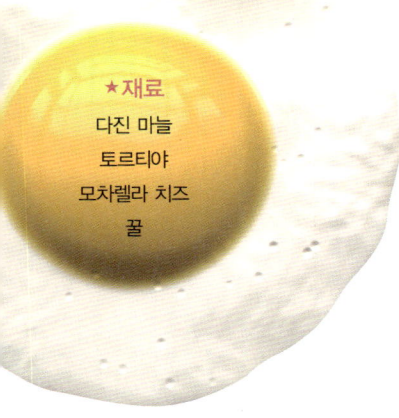

★ 재료
다진 마늘
토르티야
모차렐라 치즈
꿀

1 다진 마늘을 갈색 빛이 돌 때까지 볶아 주세요

2 토르티야 위에 볶은 마늘을 골고루 펼쳐 주세요

TIP
토마토스파게티 소스를 올리면 마르게리타피자로 둔갑한답니다.

3 한가득~

프라이팬으로 만드는 **초간단 피자,**
꿀에 쏙 찍어 먹는 고르곤졸라피자!
에헤헤, 너무 맛있답니다.

4 재료를 올린 토르티야를 약한 불에 달구어 주세요

CHEF 박하선

1 다진 마늘을 갈색빛이 돌 때까지 볶아 주세요.
2 토르티야 위에 볶은 마늘을 골고루 펼쳐 주세요.
3 마늘이 다 덮을 정도로 치즈를 듬뿍 뿌려 주세요.
4 재료를 올린 토르티야를 약한 불에 달구어 주세요.

제1부 야간매점 등록메뉴 ★ 53

매점 스토리

배우 박하선

야간매점 본격 개업 전 박하선은 방망이 채까지 날리는 위험천만한 난타 공연으로 분위기를 한껏 업 시켰는데, 그 기세를 이어 야간매점 메뉴 등록에까지 성공했다.

집에서 뜨고 싶은 이탈리아 요리. 그러나 제대로 해먹기는 쉽지 않을 것 같고…… 하지만 걱정 마시라. 여기 하선전이 저렴하고 간단하면서도 이탈리아 정통 고르곤졸라피자의 맛을 제대로 구현해 냈으니! 고르곤졸라피자처럼 꼭 꿀에 찍어 먹어야 진수를 느낄 수 있는 야식 메뉴. "집에 다들 벌집 하나쯤은 가지고 있잖아요"라는 유머를 양산하며 웃음을 안겨 주었는데, 박하선 왈, 꿀이 없으면 물엿, 물엿이 없으면 설탕이라도 살살 뿌려서 드시라고.

이날은 조리 과정이 초간단한 두 요리가 경합을 벌였는데, 하선전이 단가 1,660원에 1분 15초의 조리 시간을 자랑한다면, 윤상현이 들고 나온 크림수프라면P-스타는 2,850원의 단가에 1분 40초의 시간으로 맞섰다. 라면과 액상 크림수프의 만남으로 끌리는 맛을 자랑하긴 하였으나, 전형적인 인스턴트 맛, MSG의 위력을 실감케 하는 요리라는 점에서 감점, 결국 박하선의 하선전이 시식 메뉴에 올라 등록까지 되는 영예를 누릴 수 있었다.

맛 심사단의 평 (7명 중 6명 선택)

"드립 커피와 함께 먹으면 좋을 맛"

윤상현
마늘을 좋아하는데, 집에 가서 해먹고 싶은 맛이다.

박미선
토르티야가 바싹하고 치즈의 느끼함을 마늘이 잡아주는 고소함과 단맛의 조화!

최효종
최고! 말이 필요 없다! 파는 거라 해도 믿겠다.

김태우
치즈를 별로 안 좋아하는데, 이렇게 먹으니 맛있다.

허경환
진짜 맛있다. 드립 커피와 함께 먹으면 좋을 듯.

재미있는 응용요리

콘치즈피자

토르티야, 옥수수 통조림, 꿀, 피자 치즈

1 팬에 기름을 두르지 않고 약한 불로 토르티야를 구워 주세요.
2 토르티야 위에 꿀을 얇게 펴 바르고 그 위에 물기 뺀 옥수수를 올려 주세요.
3 치즈를 넉넉하게 뿌리고 뚜껑을 덮고 약한 불로 치즈가 녹을 때까지 구워 주세요.

과일피자

토르티야, 과일 통조림, 피자 소스(스파게티 소스), 피자 치즈

1 팬에 기름을 두르지 않고 약한 불로 토르티야를 구워 주세요.
2 토르티야 위에 피자 소스를 펴 바르고 물기 뺀 통조림 과일을 올려 주세요.
3 치즈를 넉넉하게 뿌리고 뚜껑을 덮어 약한 불로 치즈가 녹을 때까지 구워 주세요.

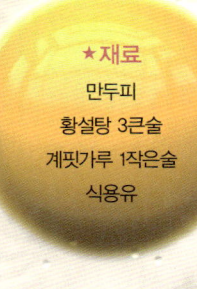

★ 재료
만두피
황설탕 3큰술
계핏가루 1작은술
식용유

만두피의 새까만 변신!
초간단 간식 만두피 추로스!
불과 기름만 있으면 언제든지
만두피를 꺼내 조리 가능!

CHEF 이종혁

1 황설탕과 계핏가루를 3:1의 비율로 섞어 주세요.
2 만두피에 물을 바른 뒤 설탕과 계핏가루를 묻혀 주세요.
3 만두피를 돌돌 말아 주세요.
4 만두피를 노릇하게 튀겨 주세요.
5 기름기를 살짝 뺀 뒤, 설탕과 계핏가루를 한번 더 묻혀 주세요.

매점 스토리

배우 이종혁

이종혁이 만추를 만들어 낸 경위는 거의 발명가 수준이다. 만두피가 보이길래 이걸로 뭘해 볼까 고민한 이종혁. 말아서 라면도 넣어 보는 등 이런저런 시행착오를 수차례 겪은 후, 마침내 설탕과 계핏가루를 버무려 넣어 튀겨 본, 바로 그 순간, 오늘의 등록메뉴가 탄생한 것이었다.

놀이동산 추로스의 맛도 나고 호떡 비슷한 맛도 난다는 만두피 추로스는 그 참신한 아이디어와 발상에서 큰 점수를 얻어, 시식메뉴로 선정, 등록메뉴가 되었다. 특히 가끔씩 추로스가 먹고 싶어 놀이동산에 가서 사오기도 한다는 추로스 마니아 박명수의 전폭적인 지지를 받았다.

게다가 재료 원가 310원의 초특가에다 2분 25초면 끝나는 조리 과정은 밤참 야식으로 더할 나위 없다. 그러나 솔직한 이종혁이 직접 전한 주의 사항, "기름이 많기 때문에 건강에는 별로일 수 있으니 수험생 야식으로는 자제해 주시기를."

한편 이날 임형준이 소개한 아내의 산후 다이어트 음식인 파프리카달걀찜은 에피타이저로, 맛은 나무랄 데 없으나 특색은 조금 부족했던 임창정의 김치감자수제비는 메인 요리로, 그리고 오늘의 등록메뉴 만추는 디저트로 잘 어울려, 조화로운 세 요리의 향연이 야간매점과 시청자의 미각을 사로잡았다.

맛 심사단의 평 (6명 중 4명 선택)
"풍선 하나 들고 먹고 싶은 기분"

박명수
놀이동산에 파는 추로스다. 정말 쫄깃쫄깃하다.

박미선
바삭한 만두피에 설탕과 계피향의 조화!

최효종
놀이동산 추로스 맛 맞다.

신봉선
정말 풍선 하나 들고 먹고 싶은 기분이다.

임형준
아이디어도 좋고 가격도 저렴하고!

재미있는 응용요리

만두피 수제비

만두피, 호박, 감자, 당근, 양파, 다진 마늘, 청양고추, 파, 멸치 육수, 국간장

1 감자·호박·당근·양파는 너무 두껍지 않게, 먹기 좋게 썰어 주세요.
2 냄비에 멸치육수를 올려 끓으면, 감자, 당근, 호박, 양파순으로 넣어 주세요.
3 감자가 거의 익으면, 만두피를 뜯어 넣습니다.
4 마늘과 청양고추와 파를 넣고 국간장으로 간을 맞춰 만두피가 익을 때까지 끓여 주세요.

 TIP 냉동 만두피는 미리 실온에 내놓으면 편하게 사용할 수 있어요. 만두피가 얇아서 금방 익습니다.

만두피 애플파이

만두피, 사과, 설탕, 계핏가루

1 사과는 약간 도톰하고 너무 크지 않게 썰어 주세요.
2 팬에 사과와 설탕 계핏가루를 넣어 센 불에서 졸이다가, 물기가 많이 없어지면 약한 불에서 저어 가며 졸여 주세요.
3 만두피에 사과 졸인 것을 적당히 올리고 다른 만두피로 덮어 가장자리를 포크로 꼭꼭 눌러 붙여 주세요.
4 팬에 기름을 살짝 두르고 노릇노릇하게 익혀 주세요.

 TIP 만두피 가장자리에 물을 묻히면 더 잘 붙어요. 오븐에 구우면 더 좋고요~

광복절 토스트

바삭하고 부드러운 마요네즈달걀토스트

이보영

★ 재료
식빵 2장
달걀 1개
슬라이스 햄
마요네즈
설탕, 소금

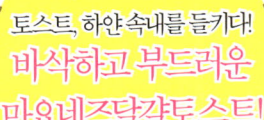

토스트, 하얀 속내를 들키다!
바삭하고 부드러운
마요네즈달걀토스트!

CHEF 이보영

1 식빵 한 장에 마요네즈를 발라 주세요.
2 마요네즈 위에 설탕을 뿌려 주세요.
3 다른 식빵에 구멍을 낸 후 두 장을 겹쳐 주세요.
4 네 모퉁이에 슬라이스 햄을 올리고 마요네즈를 한번 더 뿌려 주세요.
5 식빵 구멍 안에 달걀을 터트려 넣고 그 위에 소금을 뿌려 주세요.
6 오븐에 15분(전자레인지에는 3분)간 데워 주면 끝.

매점 스토리

배우
이보영

광복절 토스트는 우선 그 예쁜 모양으로 심사단 공략에 성공했다. 먹기도 전에 찬사가 쏟아졌으니 시작부터 반은 먹고 들어갔더랬다. 메뉴 등록에 강한 열의를 보인 이보영은 주변 지인들에게 사전 조사를 실시, 심사단의 시식 메뉴 선택에 영향력 있는 MC 유재석의 입맛이 초딩 입맛이라는 정보를 입수하고는, 마요네즈를 듬뿍 뿌린, 그야말로 유재석 맞춤형 요리를 선보였다. 아니나 다를까, 화색이 돈 유재석. 자신의 입맛에 딱 맞는 요리라는 극찬으로 이보영의 노력에 보상을 하였다. MC들의 사전 시식부터 바삭바삭한 소리와 맛깔 나는 모양으로 마음을 사로잡은 요리, 그 맛은? 달걀빵이나 피자빵의 맛과 유사하다는 것이 중론. 마요네즈 맛이 나는데도 전혀 느끼하지 않아 간식으로 딱 어울리는 요리였던 것이다.

왜 광복절 토스트냐고? 햄 조각으로 식빵 끄트머리를 장식하고 가운데 계란이 담긴 모양이 꼭 우리의 자랑스러운 태극기를 연상시키기 때문. 덕분에 이토록 훌륭한 이름까지 얻게 되었다.

결국 부산의 추억이 담긴 박해진의 부산물떡, 맛있으나 목이 메는 박정아의 마늘감자볶음, 라면 좋아하는 유재석도 선뜻 손을 들어주기 어렵다는 이상윤의 라면 3종 세트와 경합하여 당당히 메뉴 등록에 성공했다.

맛 심사단의 평 (7명 중 6명 선택)
"빵 두 종류를 한 번에 먹는 느낌"

유재석
마요네즈와 설탕의 새콤달콤함에 따끈한 빵의 바삭바삭함까지.

박미선
빵집에 파는 피자빵 맛과 비슷한데, 달걀로 영양까지 챙긴 요리.

박해진
안쪽은 촉촉하고 바깥쪽은 바삭해서 빵 두 가지를 한 번에 먹는 느낌.

박정아
바삭하고! 부드럽고! 달콤하고!

김준호
바싹바싹한 식감이 일품이다.

재미있는 응용요리

프렌치 토스트

식빵, 달걀, 우유, 소금, 설탕

1 넓은 그릇에 달걀과 우유를 풀어 섞어요.
2 소금을 조금 넣고 설탕은 취향대로 넣은 후, 잘 저어 녹여 주세요.
3 식빵을 준비한 달걀물에 적셔서, 버터나 기름을 두른 팬에 노릇노릇 구워 주세요.

식빵롤샌드위치

식빵, 햄, 치즈, 오이, 맛살, 마요네즈, 머스터드 소스

1 식빵은 테두리를 자르고 밀대로 납작하게 밀어요.
2 준비한 재료들은 식빵 길이에 맞춰 도톰하게 썰어요.
3 식빵의 한 면에 마요네즈와 머스터드 소스를 섞어 발라요.
4 소스를 바른 면에 잘라 놓은 재료를 올려 김밥 말듯 힘주어 말아 주세요.

TIP 슬라이스 치즈는 얇으니 두 장을 겹쳐 주면 좋습니다.

제1부 야간매점 등록메뉴 ★ 63

★ 재료
즉석 만두
즉석 밥
간장

만두와 밥의 반전 멜로
초간단의 감동 만두밥!
겉보기와는 다른 찰진 매력의 맛이랍니다.

1 전자레인지에 만두는 3분, 즉석 밥은 2분을 돌려 주세요.
2 큰 그릇에 즉석 밥과 만두 여섯 개를 넣어 주세요.
3 간장을 입맛에 맞게 넣고 잘 비벼 주면 완성!

매점 스토리

배우 지성

야간매점 역대 최고의 반전 메뉴다. 즉석 밥과 즉석 만두와 간장이 각기 따로 놓인 명예롭지 못한 비주얼로, 등장하자마자 불명예 전당행이 예정된 듯했던 지성만두밥! 박명수는 아예 뚜껑을 다시 덮어버리기까지 했더랬다. 이미 기대치는 사라지고, 불명예 리스트행을 기정사실화한 채, 어디 이야기나 들어보자는 반응이었다.

지성, 침착하게 요리 설명을 풀어 놓는다. 밤참의 핵심 요소인 초간단 레시피와 유쾌한 포만감을 동시에 갖추고 있어 밤에 후다닥 해먹고 딱 잠들면 좋은, 그야말로 진정한 야식 메뉴라고 강변한다. 촬영장에서 야식으로 즐겨 먹었다는 지성의 해명에, 그래도 이렇게 먹어 본 적은 없다는 약간의 호의적인 반응이 따랐다. 물론 곧이어, 그렇게 먹을 필요가 없지 않았겠느냐는 반론도 따랐지만.

마침내 기대 반 의심 반으로 한술을 뜬 박명수, 바로 숟가락을 던지고 지성을 가리키며 감동의 목소리로 한마디를 던졌다. "잡채밥이야!" 이 대반전의 멘트에 혼란이 일어난 야간매점. "설마 그럴 리가요"라며 유재석이 바로 한술을 떴는데, "이럴 순 없다"는 외침과 함께 지성과 인정의 악수를 나누었다. 그야말로 해피투게더 야간매점 역사상 최고의 반전 메뉴가 탄생하는 순간이었다. 그 반전의 폭이 커 맛과 유머를 동시에 선사한 메뉴였다.

맛 심사단의 평 (7명 중 5명 선택)

"진짜 잡채밥이다"

유재석
이럴 순 없다. 정말 맛있다.

박미선
따로 먹었을 때와 달리 섞이니까 잡채밥 맛이 나고 만두피가 쫄깃쫄깃하다.

박명수
잡채밥이야~

김아중
맛있다. 밥이 찰지다.

허경환
진짜 잡채밥이다. 진짜 그럴 만두(만도)하다. 너무 맛있어서 지성(죄송)해요.

재미있는 응용요리

카레만두

만두, 카레

1 카레를 준비해요. (까레 파스타 참조.)
2 찜통이나 전자레인지를 이용해 만두를 쪄주세요.
3 그릇에 만두를 담고 카레를 적당히 올려 주세요.

TIP 남은 카레를 데울 때는 우유를 약간 넣어서 데워 주면 좋습니다. 즉석 카레를 이용해도 좋아요.

만두달걀말이

만두, 달걀, 당근, 쪽파, 소금, 후추

1 달걀 3개에 소금 후추를 넣고 풀어 주세요.
2 당근과 쪽파는 잘게 썰어서 달걀에 섞어 주세요.
3 만두는 팬에 기름을 두르고 구워 주세요.
4 달궈진 팬에 기름을 조금만 두르고 달걀 물을 넓게 펴 부어 주세요.
5 달걀물의 한쪽 끝부분에 만두를 나란히 올린 후, 천천히 말아 주세요.

TIP 만두를 쪄서 말면 좀 부드러운 달걀말이가 되요.

★ 재료

고구마, 카스텔라
각종 견과류
바나나, 요구르트
계핏가루, 꿀

1. 찐 고구마를 으깨 주세요.

2. 바나나를 잘게 썰어, 으깬 재료에 마지막으로 넣어 주세요.

3. 요구르트, 소금, 계핏가루, 꿀 첨가!

4. 섞은 재료들을 한 입 크기로 뭉쳐 카스텔라 가루를 골고루 묻혀 주세요

한겨울에 찾아온 달콤한 기적,
고구마와 친구들!
예쁜 이름만큼이나 맛있는 야식 메뉴라지요.

CHEF 김민정

1 찐 고구마를 으깨 주세요.
2 바나나를 잘게 썰어 으깬 재료에 마지막으로 넣어 주세요.
3 으깬 고구마에 각종 견과류를 섞은 후, 요구르트, 소금, 계핏가루, 꿀을 첨가해 주세요.
4 섞은 재료들을 한 입 크기로 뭉쳐 카스텔라 가루를 골고루 묻혀 주세요.

매점 스토리

배우 김민정

영화 촬영 중 배역 때문에 하이웨스트 치마를 매일 입어야 했던 김민정. 치마 때문이 현장에서 밥을 잘 못 먹는 딸을 위해 어머니가 만들어 주신 메뉴라고. 처음엔 그냥 고구마였는데, 이후 점점 업그레이드가 되어 마침내, 그 이름도 찬란한 '고구마 마을에 카스텔라 눈이 내린 날'이 탄생하게 되었다. 이름 역시 온 가족이 모여 회의 끝에 나온 것.

첫 등장부터 예쁜 모양은 물론이거니와 다양한 재료가 들어간 향부터 심상치 않은 반응을 불러일으켰다. 제과점 향이 날 정도. 그 모양과 향과 맛 모두 일품이라, 크리스마스 시즌이나 아이들 파티에 내놓기에 더없이 좋은 간식이다. 아이들은 두유나 우유와 함께, 어른들은 각종 차와 함께 먹으면 더 좋다는 상냥한 팁까지 곁들여 준다. 무엇보다 신선했던 것은 역대 최고로 긴 이름의 작명 센스. MC와 게스트들은 함께 이름 상황극을 연출하며 또 하나의 재미를 보탰다. 줄여서 '고날'이라 부르기로 합의!

최종 메뉴에 선정되면서 '고구마 마을에 카스텔라 눈이 내린 날'이라는 찬란한 이름의 야식이 해피투게더 야간매점 메뉴에 길이길이 새겨질 수 있게 되었다.

맛 심사단의 평 (7명 중 5명 선택)
"남자들보다는 여자들이 더 좋아할 맛"

유재석
남자들보다 여자들이 더 좋아할 맛!

박미선
고구마와 바나나의 조화, 견과류가 씹히는 재미까지!

정준호
견과류, 카스텔라, 바나나가 섞여 오묘한 맛이다. 쌈밥(본인의 요리)을 먹고 이걸 먹으면 더 좋을 듯하다.

윤두준
맛있어요! (그러나 내 라면 요리가 더 좋다!)

재미있는 응용요리

고구마라떼

고구마, 우유, 꿀(또는 설탕, 시럽, 올리고당)

1 고구마는 찌거나 구워서 껍질을 벗겨 주세요.
2 믹서기에 따뜻하게 데운 우유와 고구마, 꿀을 넣고 곱게 갈아요.
3 예쁜 컵에 담고 견과류를 살짝 올려 주세요.

TIP 고구마마다 당도와 진 정도가 다르니, 우유에 고구마를 조금 넣어 갈아 상태를 봐가며 더 넣으세요. 찬 우유에 찬 고구마와 얼음을 갈면 아이스라떼가 되지요.

고구마샐러드

고구마, 우유, 견과류, 건포도

1 고구마는 잘 씻어 쪄주세요.
2 껍질을 벗긴 고구마는 뜨거울 때 숟가락이나 포크 등으로 으깨면서 우유를 넣어 주세요.
3 으깬 고구마에 견과류, 건포도를 섞어 주세요.

TIP 우유는 농도를 봐가며 넣어 주세요.

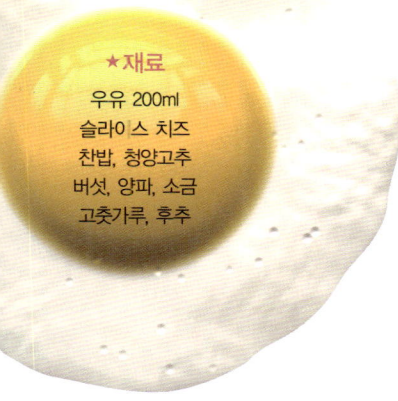

★ 재료
우유 200ml
슬라이스 치즈
찬밥, 청양고추
버섯, 양파, 소금
고춧가루, 후추

우유와 치즈를
자작하게 끓여 주세요

TIP
밥 대신 끓인 소스에 비스킷
이나 빵을 넣어도 맛있어요.

버섯, 양파,
청양고추 투척!

밥을 넣고
졸이듯이 끓여 주세요

리소토의 매콤한 변신!
청양고추가 들어간 군산미라밥!

CHEF 윤종신

1 팬에 우유를 붓고 끓여 주세요.
2 치즈를 올리고 자작하게 끓여 주세요.
3 버섯, 양파, 청양고추를 넣고 소금과 고춧가루로 간을 알맞게 해주세요.
4 밥을 넣고 졸이듯이 끓여 주세요.

매점 스토리

뮤지션 겸 방송인 윤종신

요리 잘하는 군산 여인을 아내로 둔 덕분에 윤종신의 메뉴가 호평 속에 제18호 등록메뉴에 오르는 영예를 안았다. 요리의 사연 역시 윤종신의 아내 전미라의 것. 운동선수 시절 외국에 시합차 나갔을 때 개발한 요리라고. 운동선수인 만큼 허기지면 시합을 못하니 밤에 원기를 보충할 필요가 있어 외국에서도 쉽게 구할 수 있는 재료로 뚝딱 만들어 낸 것이 군산미라밥의 기원이었다.

그 요리가 마침내 해피투게더 야간매점에 상륙해 극찬을 받고 국민 야식의 하나로 소개되었다. 맛을 본 MC와 심사단 모두 이구동성으로 "요리 잘하는 아내를 만나는 것이 장가 잘 가는 것"이라며 윤종신을 부러워했다. "아내가 매일 요리'만' 했으면 좋겠다"는 능청스러운 유머로 받으며 원앙 부부의 달콤함을 우회적으로 드러내기도 하였다.

이날 방송은 크리스마스 음악회 특집으로 윤종신, 박정현, 김범수, 조정치 등 국내 최고의 뮤지션들이 출연해, 야간매점에서도 열띤 경쟁을 펼쳤다. 결국 마지막까지 경합을 벌인 박정현의 미국샌드위치를 누르고 군산미라밥이 최종 선정되었으니, 이것이야말로 내조의 힘이라 아니할 수 없을 터.

맛 심사단의 평 (7명 만장일치 선택)
"밥인데 까르보나라의 맛이 난다"

유재석
리소토의 느끼함을 완전히 잡아주는 청양고추의 힘!

박미선
재료와 시간 대비 고급 요리다.

김준호
밥인데 까르보나라의 맛이 나네!

박정현
재료에 따라 다양한 맛이 가능한 요리!

조정치
맛있고 맵기도 적당하다!

재미있는 응용요리

참치죽

밥, 캔 참치, 호박, 당근, 양파, 참기름, 소금, 김 가루

1 준비된 채소는 잘게 썰어요.
2 냄비에 참기름을 두르고 잘게 썬 채소를 볶다가, 물을 넉넉하게 붓고 끓여요.
3 물이 끓으면 밥과 기름을 뺀 참치를 넣고 잘 저어 가며 끓여요.
4 밥이 죽처럼 퍼지면 소금 간을 해요.
5 그릇에 담고 김 가루를 얹어요.

TIP 불린 쌀 대신 밥으로 간단하게 만들어요. 물의 양은 취향대로!

오차즈케

밥, 녹차 우린 물, 명란젓, 파, 김 가루

1 명란젓은 껍질을 벗겨 알만 준비하고 파는 송송 썰어 주세요.
2 준비한 밥을 그릇에 넣고, 명란젓과 파와 김 가루를 올려 주세요.
3 따뜻하게 우린 녹차물을 부어요.

TIP 명란젓은 껍질째 살짝 구워서 쓰기도 해요. 명란젓 대신 다양한 재료를 사용할 수도 있고요.

★ 재료

라면, 명란
버터, 청양고추
쪽파, 김
감자, 모짜렐라 치즈

명란스파게티와 명란감자
**초간단 코스 요리,
명란한상세트!**
야무지게 해 드셔요~

CHEF 정준하

1 버터를 두른 팬에 껍질 벗긴 명란 2큰술을 볶아 주세요.
2 청양고추를 넣고 명란과 같이 볶아 주세요.
3 삶은 면을 체에 걸러 두세요.
4 체에 걸러둔 면을 프라이팬에 넣고 함께 볶아 주면 명란스파게티 완성!
5 삶은 감자와 명란을 섞고 모차렐라 치즈를 올린 후 전자레인지에 돌려 주면 명란감자 완성!

매점 스토리

개그맨 **정준하**

이날 방송은 연예계 최고의 식신 정준하, 식신계의 여신으로 등극한 박지윤, 오프닝부터 저돌적으로 임한 문희준, 4차원 그녀 사유리가 출연해, 식신 특집으로 진행되었다. 식신 특집답게 먹방의 끝을 보여주며, 포복절도할 웃음은 물론 특급 야식 메뉴까지 마구 쏟아져 나왔다. 그 열띤 경쟁 속에서도 압도적으로 채택된 정준하의 명란운동회.

아내와 일본 레스토랑에 가서 명란스파게티를 맛본 정준하, 집에서도 만들어 보자고 결심해 이런저런 시행착오를 거친 끝에 나온 요리라고. 인스턴트 식품도 약간의 재료와 정성을 더하면 고급 요리로 변모할 수 있음을 몸소 입증해 보인 요리 되시겠다.

명란운동회라는 애교 만점의 명칭에다, 보기만 해도 군침이 도는 맛스러움, 심사단을 탄복시킨 맛의 향연까지, 식신 특집에서 선정되기에 한 치의 부족함도 없는 메뉴였다.

이날은 식신 특집답게 나머지 식신 멤버들도 만만찮은 요리를 내놓았다. 실제로 팔아도 될 정도라는 평을 받은 박지윤의 춘권피과일파이와 토마토를 넣은 라면이라는 초간단 콘셉트로 매력적인 맛을 만들어 낸 문희준의 토토라면이 그 대상. 막강한 경쟁 메뉴들에도 불구하고 명란운동회는 압도적인 지지로 제19호 등록메뉴가 되었다.

맛 심사단의 평 (7명 중 6명 선택)
"패밀리 레스토랑 고급 메뉴"

유재석
재료들의 궁합이 딱 맞다.

박미선
면에 명란 알이 붙어 있어 토독토독한 식감이 제맛이다.

박명수
담백한 감자에 명란의 짭짤함이 터지고 모차렐라 치즈로 마무리되는 맛!

정범균
패밀리 레스토랑 고급 메뉴!

허경환
맛있지만, 명란을 많이 넣으면 비릿할 수도 있으니 조절이 필요하다.

재미있는 응용요리

명란크림파스타

스파게티 면, 명란젓, 마늘, 청양고추, 우유, 슬라이스 치즈

1. 명란젓은 껍질을 벗겨 알만 준비하고, 마늘은 저며 썰고 청양고추는 송송 썰어요.
2. 냄비에 물을 끓여 소금을 조금 넣고 스파게티 면을 삶아 주세요.
3. 팬에 기름을 두르고 마늘과 청양고추를 볶다가 우유와 치즈를 넣어 약한 불에 끓여 주세요.
4. 우유가 끓으면 명란젓을 넣어 풀어주고, 삶아 놓은 면을 넣고 버무려 주세요.
5. 후추를 뿌리고 모자란 간은 소금으로 해서 잠깐 졸여 주세요.

TIP 우유 1컵에 슬라이스 치즈 1장이 좋습니다. 생크림을 쓸 때는 우유2 생크림1 정도의 비율로 하시고요. 물론 취향에 따라 가감 가능하겠죠.

알리오올리오 (마늘스파게티)

스파게티 면, 올리브유, 마늘, 청양고추, 파슬리 가루

1. 스파게티 면을 삶아요. 면 삶은 물은 조금 남겨 놓아요.
2. 마늘은 넉넉히 저며 썰고, 청양고추는 송송 썰어 주세요.
3. 올리브유를 넉넉하게 두르고 약한 불에서 볶다가 청양고추를 넣어서 볶아 주세요.
4. 마늘과 고추를 볶은 팬에 삶은 스파게티 면과 면 삶은 물을 조금 넣고, 소금과 후추로 간을 한 후, 잠깐 볶아 주세요.
5. 접시에 담고 파슬리 가루를 뿌려 주세요.

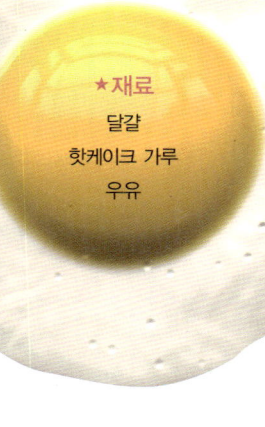

★재료
달걀
핫케이크 가루
우유

 TIP
전자레인지에 돌릴 때 달걀이 부풀며 터질 수 있으니 각별한 주의를 요합니다.

1

2
핫케이크 가루를 넣고 반죽을 해주세요.

3

 TIP
취향에 따라 소금 간을 적당히 해주세요.

4
종이컵 반죽 위에 달걀 하나를 더 넣어 주세요.

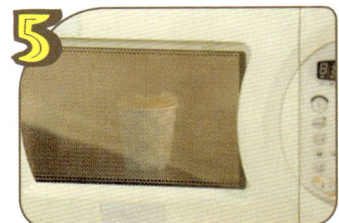

5

💬 아빠가 해주는 **추억의 간식**
그때 그 시절을 떠올리게 하는
홈메이드 달걀빵!

CHEF 홍인규&태경

1 큰 그릇에 달걀과 우유를 넣고 잘 섞어 주세요.
2 핫케이크 가루를 넣고 반죽을 해주세요.
3 종이컵에 반죽을 한 국자씩 부어 주세요.
4 종이컵 반죽 위에 달걀을 하나 더 넣어 주세요. (전체 양은 종이컵 반 정도만)
5 전자레인지에 1분 30초에서 2분간 돌려 주세요.

매점 스토리

개그맨 부자 홍인규 & 태경

이날 방송은 아이들과 함께한 겨울방학 특집으로 펼쳐졌다. 김응수-은서 부녀, 홍인규-태경 부자, 그리고 붐과 민하가 한 조를 이루어 '아이들 입맛을 사로잡을 수 있는 야식 메뉴'를 찾기 위한 요리 향연을 펼쳤다. 그중 홍인규-태경 부자의 눈물 젖은 달걀빵이 정식 등록메뉴가 되면서, 야간매점 최초의 부자 셰프가 탄생하게 되었다.

요리의 사연은 문자 그대로 눈물 젖은 달걀빵 스토리였다. 중학교 때부터 신문배달을 한 홍인규. 새벽을 달리던 소년이 땀 흘려 신문을 돌리고 나면 여분의 신문이 다섯 부 정도 남았다고. 이 신문을 달걀빵 파는 아저씨에게 드리면 달걀빵을 하나씩 주셨던 것이다. 그걸로 끼니를 때우던 추억이 고스란히 서린 요리가 바로 눈물 젖은 달걀빵이었다.

영양 만점의 달걀을 이용해 시중에서 파는 달걀빵 맛과 거의 비슷한 요리를 만들어 냈으니, 무엇보다 포인트는 제빵 기술이 없어도 손쉽게 만들 수 있다는 초간단 조리법이 아니겠는가. 어린이 시식단의 입맛까지 완전히 사로잡은 달걀빵 메뉴 되시겠다.

아이들의 밝은 웃음과 건강한 유머, 맛있는 야식으로 가득했던 가슴 따뜻하고 풍성한 방송이었다.

맛 심사단의 평 (8명 중 6명 선택)
"파는 달걀빵이랑 거의 똑같다"

유재석
소금을 첨가해 주면 간이 조절돼 더 맛있을 것 같다.

박미선
너무 맛있다. 조리법이 간단해서 더 매력적이다!

최효종
파는 달걀빵이랑 거의 똑같다.

김응수
은서야, 네 것보다 맛있다.

붐
웬만해서 제 메뉴가 뒤로 안 밀리는데, 이 음식은 인정한다.

재미있는 응용요리

전자레인지 브라우니

밀가루, 버터, 무가당 코코아, 설탕, 물

1. 머그컵에 버터 2큰술을 넣고 전자레인지에 돌려서 녹인 후, 물 2큰술을 섞어 주세요.
2. 무가당 코코아 가루 2큰술과 설탕 3큰술을 섞어 주세요.
3. 1과 2에 밀가루 4큰술을 넣고 가루가 보이지 않을 때까지 섞어 주세요.
4. 전자레인지에 1분~1분 30초 돌리고 반죽이 묻어나오지 않으면 끝.

 무가당 코코아가 없으면 핫초코 믹스 2큰술과 설탕 2큰술로 대체해도 됩니다.

찜기에 찌는 달걀빵

핫케익 가루, 우유, 달걀, 소금

1. 우유(150ml)에 달걀 한 개를 넣어 섞고, 핫케익 가루(300g)를 섞어 주세요.
2. 준비한 용기에 반죽을 1/3 정도 채우고, 달걀을 하나 깨뜨려 넣어 주세요.
3. 달걀 위에 소금을 조금 뿌리고, 김이 오른 찜기에 넣어 20분 정도 쪄주세요.

 반죽의 양은 용기의 반을 넘지 않게 해요. 위로 넘칠 수 있어요. 용기 안쪽에 기름을 살짝 바르면 달라붙지 않고 쉽게 빠진답니다.

★재료
뺑튀기
각종 아이스크림

1 뺑튀기를 반으로 쪼갠 뒤, 아이스크림을 발라 주세요.
2 뺑튀기 나머지 반을 아이스크림 위에 덮어 주세요.

아이스크림의 명품 신상 코드
그것은 뺑튀기아이스크림,
일명 뺑스크림!
보기랑은 달라~ 먹어 보라니까!

CHEF 양상국

매점 스토리

개그맨 양상국

'약한 남자' 특집으로 진행된 이날 방송에는 연예계 대표 약골들이 출연해 보양식을 주제로 경합을 펼쳤다. 그런데 정작 등록메뉴에 오른 것은 바로 아이스크림!

가장 먼저 선보인 야식은 이윤석의 족발탕. 진정한 보양식이긴 하였으나 MC들이 야간매점 사상 최초로 소스라친다고 시식 평을 남겼을 정도로 먹기 힘든 맛이었다. 심지어는 요리를 가져온 이윤석조차 맛은 없다고 시인한 메뉴. 형언할 수 없는 맛에 충격받아 있던 차에 등장한 두 번째 야식이 바로 양상국의 뻥스크림이었다.

단돈 750원에 25초면 조리 가능한, 뻥튀기와 아이스크림의 혼합체에 초반 반응은 그다지 긍정적이지 않았다. 미관으로 보나, 예상 가능한 맛으로 보나 내키지 않은 반응이었으나, 일단 먹어 보라 자부하는 양상국의 재촉에 맛을 본 MC들. 바로 환호성을 내지르는 것으로 그 감동이 표출되었으니! 시식과 동시에 야간매점 분위기는 거의 축제 분위기로 변모하였을 정도.

사실 요리의 기원은 양상국이 출연하고 있는 개그콘서트의 감독님. 개콘 단합대회 날, 배 터지도록 먹은 양상국에게 감독님이 먹어 보라며 만들어 주었다고. 양상국 역시 별 기대치 않고 먹었는데 놀라운 감동을 받았다며 야간 매점에서 소개한 것이었다.

맛 심사단의 평 (7명 중 5명 선택)
"바삭함과 부드러움의 절묘한 조화"

유재석
보기보다, 생각보다 더 맛있다.

박미선
굉장히 더 바삭거린다. 바삭함과 부드러움의 절묘한 조화.

박명수
재료들의 궁합이 너무 잘 맞는다.

성규
씹을 때 바삭바삭하고 아이스크림이 새어 나오는 맛이 일품이다.

허경환
뻥튀기의 고소함이 녹차의 쓴맛까지 커버한다.

재미있는 응용요리

마늘식빵 러스크

식빵(식빵 자투리), 버터, 마늘, 설탕, 파슬리 가루

1 버터를 전자레인지에 잠깐 돌려 녹여 주세요.
2 녹인 버터에 곱게 간 마늘과 설탕, 파슬리 가루를 넣어서 잘 섞어 주세요.
3 준비된 식빵에 골고루 버터 물을 바른 후, 팬에서 약한 불로 천천히 구워 주세요.

TIP 마늘과 설탕의 양은 취향대로 넣으세요. 너무 오래 굽지 않도록 주의해 주세요.

바나나땅콩 아이스크림

얼린 바나나, 땅콩버터, 견과류

1 얼린 바나나를 믹서기에 넣고 큰 덩어리가 없도록 갈은 후, 땅콩버터를 넣어 조금 더 갈아 주세요.
2 컵에 담고 위에 견과류를 올려 주세요.

TIP 바나나와 땅콩버터의 양은 취향에 맞게 넣어 주세요.

★ 재료

황도
골뱅이
고추장 양념
오이

TIP
양념은 고추장을 넣어 각자의 취향대로 만들어 주세요.

골뱅이를 한 입 크기로 자르고 양념 재료와 섞어 주세요

양념한 골뱅이를 황도 위에 올려 주세요

얇게 썬 오이로 장식을 해주세요

황도의 품에 골뱅이가 쏙~
초간단 이색 밤참 황도 시집가는 날!
행복하게 잘 살아야 해~

CHEF 이다해

1 골뱅이를 한 입 크기로 자르고 양념 재료와 섞어 주세요.
2 양념한 골뱅이를 황도 위에 올려 주세요.
3 얇게 썬 오이로 장식해 주세요.
4 예쁜 접시에 내어놓으면 황도 시집가는 날 완성!

매점 스토리

배우 이다해

황도와 골뱅이의 이색 조합으로 등장부터 야간매점을 혼란에 빠뜨린 야식 메뉴. 어머니와 함께 무작정 재료부터 마구 사들여 메뉴개발특공대 수준의 개발에 돌입한 이다해. 별걸 다 시도해 보다, 선을 넘지 않는 정도에서 밤참 취지에 맞게 조절하여 나온 것이 바로 황도와 골뱅이의 조합이었던 것.

골뱅이의 매콤한 맛과 황도의 달콤한 맛이 과연 조화를 이룰 것인가. 어머니가 지어 주신 '황도 시집가는 날'이라는 이름처럼 시집가기에 성공할 수 있을 것인지. 첫 반응은 그다지 호의적이지 않았다. 너무 이색적인 조합인데다 예상되는 식감 때문에 예감이 안 좋다는 반응이 먼저 나올 정도. 시식 후 MC들의 좋은 반응을 얻는 데 성공하면서 '황도 시집가기' 성공에 한발 성큼 다가섰다.

하지만 역시 만만찮은 경쟁 요리들을 이겨야 했다. 건국 이래 우릴 떠난 적이 없다는 썰을 풀며 소개한 이범수의 간장달걀라면이 짠데 싱겁다는 기묘한 평을 받으며 일찌감치 경쟁 전선에서 물러나고, 16년간 해왔다는 추억 서린 장혁의 핫도그는 맛은 최상이나 너무 익숙한 맛이라 역시 호기심을 불러일으키는 데는 실패, 결국 최종 라이벌은 고교 시절 성적을 포기하면서까지 개발해 낸 요리라는 임수향의 웰빙 요리 고구마만두가 되었다. 하지만 결국 열광적인 찬사를 받으며 황도 시집 프로젝트는 성공적으로 마무리되었다.

맛 심사단의 평 (7명 만장일치 선택)
"맵기 무섭게 달다"

유재석
톡 쏘는 골뱅이의 매콤함, 아래에서 감싸는 황도의 달콤함. 씹을수록 새콤달콤!

박미선
어릴 때 아프면 부모님이 사다 주신 황도처럼 매운 걸 황도의 달달함이 감싸준다.

이범수
진짜 맛있다. 깔끔하다.

장혁
진짜 어머니의 맛이다.

허경환
맵기 무섭게 달다. 매콤 달콤 새콤!

재미있는 응용요리

아이스라떼

우유, 커피, 얼음

1 진한 커피를 준비해 주세요.
2 컵에 얼음을 적당히 넣고 우유를 부어 주세요.
3 우유 위로 준비한 커피를 부어 주세요. 취향에 따라 시럽을 첨가해 주세요.

 TIP 커피는 에스프레소도, 인스턴트커피나 믹스 커피를 진하게 탄 것도 모두 OK!

바나나 크레페

핫케익 가루, 우유, 달걀, 바나나, 설탕, 꿀, 생크림이나 아이스크림, 아몬드, 초코 시럽

1 우유(120ml)와 달걀(1개)을 잘 섞고, 핫케익 가루(100g)를 넣어 반죽을 만들어 주세요.
2 팬에 기름을 살짝 두르고 약한 불에서 반죽을 얇게 부쳐 주세요.
3 바나나는 동글동글 도톰하게 썰어서 팬에 설탕을 넣고 살짝 졸여 주세요.
4 크레페 한쪽에 꿀을 살짝 바르고, 설탕에 졸인 바나나를 올려서 보기 좋게 접어 주세요.
5 아몬드를 올리고 초코 시럽을 뿌려 주세요. 아이스크림이나 생크림으로 예쁘게 달콤하게 꾸며 주세요.

 TIP 바나나는 생으로 써도 좋지만 살짝 구우면 더 달콤해져요. 반죽에 우유를 많이 넣어 묽게 하면, 크레페를 더 얇게 부칠 수 있어요.

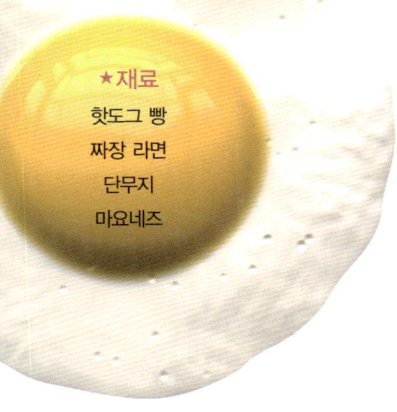

★재료

핫도그 빵
짜장 라면
단무지
마요네즈

1 프라이팬을 달군 후 반으로 가른
핫도그 빵을 살짝 굽는다

2 구워진 핫도그 빵에
마요네즈를 뿌린다

양식과 중식의 카오스
못생겨도 맛은 좋아~ 무슨 맛인지 궁금해?
쉿~ 비밀이야!

3 갓 만든 짜장 라면을
그 위에 얹는다

CHEF 민지영

4 다져놓은 단무지를
골고루 뿌린다

1 달궈진 프라이팬에 반으로 가른 핫도그 빵을 살짝 구워 주세요. 짜장 라면도 끓여 주세요.
2 구워진 핫도그 빵에 마요네즈를 뿌려 주세요.
3 갓 만든 짜장 라면을 그 위에 올려 주세요.
4 다져 놓은 단무지를 골고루 뿌리고 빵을 포개 주세요.

매점 스토리

배우 민지영

인기 프로그램 〈사랑과 전쟁〉에서의 강렬한 연기 덕분에 '국민 불륜배우'라는 전무후무한 캐릭터를 구축한 배우 민지영. 그녀가 들고 나온 요리는 빵과 짜장라면, 마요네즈와 단무지의 혼연일체로 구성된 충격적 비주얼로 야간매점에 일대 혼란을 불러일으켰다. 절로 거부감과 비호감의 표정이 떠오르게 할 정도.

하지만 민지영이 〈사랑과 전쟁〉의 대사 톤으로 "정말 매력 있게 생기지 않았어요?"라고 반문하는 바람에, MC 유재석은 어지러움까지 느끼는데. "왠지 안 아주고 싶지 않나요?"라는 역대 야간매점 최고로 섹시한 소개까지 이어졌다. 촬영이 늦어 새벽 귀가가 잦은데다 또 금방 다시 나가야 할 때가 많은데, 주무시는 부모님을 깨우기도 죄송하고, 짜장 라면도 먹고 싶고 빵도 먹고 싶고, 그런 실생활의 고충에서 파생된 레시피라고. 허름한 비주얼과 달리 시식 후 또 한번의 반전이 연출되는데, 시식을 먼저 해본 두 MC는 그릇을 싹 비우고 더 찾기까지 하였다.

이날 〈사랑과 전쟁〉의 배우들이 들고 나온 매력 만점의 메뉴들을 따돌리고 '쉿~ 비밀이야가' 최종 등록메뉴로 선정되었다.

맛 심사단의 평 (7명 중 4명 선택)
"자꾸만 손이 가는 묘한 매력"

유재석
짜장 라면 맛은 거의 나지 않고 자꾸만 손이 가는 묘한 매력!

박명수
짜장과 빵이 어울리네.

박미선
식감만 빼면 불고기햄버거 맛과 거의 유사하다.

이시은
맛이 질투 나!

이정수
마요네즈나 빵이 조금 느끼하다 싶으면 순찰 중이던 단무지가 출동해 깔끔하게 잡아 준다.

재미있는 응용요리

간짜장라면

짜장 라면, 양배추, 양파, 당근, 돼지고기, 새우, 마늘, 술

1. 짜장 라면과 건더기 스프를 끓여 주세요.
2. 라면이 익는 동안 준비한 채소와 돼지고기는 먹기 좋은 크기로, 마늘은 저며 썰어 주세요. 새우는 칵테일 새우를 썼어요.
3. 다 익은 라면은 체에 받혀 두고, 면 삶은 물은 조금 남겨 두세요.
4. 팬에 기름을 넉넉히 넣고 마늘과 돼지고기를 먼저 볶고, 나머지 재료를 넣고 센 불에서 볶다가 짜장 스프를 넣어 주세요.
5. 삶아 놓은 면을 넣고 양념이 잘 배도록 볶아 주세요.

TIP 면이 너무 빡빡하면 면 삶은 물을 조금 넣어요. 돼지고기와 새우를 볶을 때 술을 조금 넣어도 좋아요.

소시지버거

핫도그 빵, 소시지, 토마토, 양배추, 양파, 상추, 마요네즈, 케첩, 머스터드 소스

1. 팬에 버터를 넣고 길게 자른 빵을 노릇하게 구워 주세요.
2. 소시지는 칼집을 내어 팬에 굴려가며 구워 주세요.
3. 토마토는 도톰하게 썰고, 양배추와 양파는 채 썰어 마요네즈에 버무려 주세요.
4. 빵에 상추를 깔고, 마요네즈에 버무린 채소를 얹고 토마토 소시지를 올려 주세요.
5. 맨 위에 빵을 올리고 케첩과 머스터드 소스를 뿌려 주세요.

★ 재료

총각김치
인스턴트 육수
소면, 초고추장
설탕, 깨

TIP
아삭아삭하게 잘 익은 총각김치를 이용해야 제맛을 느낄 수 있습니다.

1 총각김치 무청을 대충 자른다

2 무청에 초고추장, 설탕, 깨를 조금 넣고 대충 버무린다

3 삶아 놓은 소면을 그릇에 먼저 담는다

4 미리 산 인스턴트 육수를 먼저 붓는다

5

6 드디어 완성

압도적인 총각김치,
**얼음 공주와
총각 왕자의 앙상블**
겨울아 게 물렀거라!

CHEF 진구

1 총각김치 무청을 대충 잘라 주세요.
2 무청에 초고추장, 설탕, 깨를 조금 넣고 대충 버무려 주세요.
3 삶아 놓은 소면을 그릇에 먼저 담아 주세요.
4 미리 산 인스턴트 육수를 부어 주세요.
5 얼려 둔 육수를 잘게 갈아 넣어 주세요.
6 버무려 둔 무청을 고명처럼 얹고 총각김치를 하나 올려 주세요.

매점 스토리

배우 진구

시원한 얼음 국물에 총각김치가 위세 당당하게 올려진 국수가 등장했을 때, 첫 반응은 전설적인 고창석의 '물국수'에 대한 연상이었다. 허나 〈식객〉이란 영화를 찍으며 요리 장인에게 기술을 전수받은 바 있는 실력자 진구가 아니던가. 맛은 김치말이국수와 비슷하나 배추김치가 아닌 시원시원한 총각김치의 맛이 새롭다는 설명. 또 진구는 〈식객〉 촬영 후 남은 김치 재료를 들고 와 어머니와 둘이서 200포기의 김장을 담그면서, 34년 인생에서 가장 많고 진솔한 대화를 나눌 수 있었다는 사연으로 감동까지 선사했다.

그 맛은? 그전까지 상대적으로 시큰둥하던 시식 요원 조재현의 입에서 절로 '이야~'라는 감탄사가 나오게 만들 정도였다. 두 MC를 비롯한 시식단의 열띤 찬사가 이어진 것은 말할 것도 없는 일. 김치를 미리 썰어 놓고 먹어도 좋고, 국수를 먹고 총각김치째로 들고 베어 먹어도 좋다는, 그 맛. 겨울밤 냉국수로 추위를 이기는 그 맛의 매력에 풍덩, 빠져 보시라.

맛 심사단의 평 (7명 중 6명 선택)

"총각김치 하나가 색다른 맛을 낸다"

박명수
최고다! 너무 맛있는데!

박미선
김치말이국수 좋아해 자주 먹는데, 총각김치 하나가 색다른 맛을 낸다!

최효종
최고! 말이 필요 없다! 파는 거라 해도 믿겠다.

한채영
진짜 맛있다. 집에서 해먹을 것 같다.

조재현
이야~ 맛있는데요.

재미있는 응용요리

간장비빔국수

소면, 김치, 오이, 김 가루, 양념장(간장, 파, 마늘, 참기름, 깨)

1. 오이는 채 썰고, 김치는 양념을 조금 씻어 주세요.
2. 물을 끓여 국수를 삶는 동안 양념장을 만들어 주세요.
3. 다 삶아진 국수는 찬물에 여러 번 비벼 씻어서 채에 받쳐 두세요.
4. 국수에 양념장을 넣어 비벼서 그릇에 담고 김치, 오이, 김 가루를 얹어 주세요.

열무비빔국수

소면, 열무김치, 양념장(고추장, 매실액, 참기름)

1. 국수를 삶는 동안 양념장을 만들어요. 국수를 삶을 때, 물이 끓어오르면 찬물을 부어 주세요.
2. 찬물에 헹군 국수를 양념장에 비벼 주세요.
3. 그릇에 국수를 넣고 열무김치를 올려 주세요.

TIP 열무김치에도 간이 있으니 양념장을 너무 짜게 하지 마세요.

★ 재료

즉석 밥
닭가슴살 통조림
양파, 달걀
간장, 사이다

TIP
달걀이 터질 수 있으므로 반드시 노른자는 풀어서 넣고 전자레인지에 돌리세요.

포근히 덮인 맛있는 이불
덮밥계의 갸루상,
닭반이므니다!

CHEF 박성호

1 즉석 밥을 데우지 않은 채로 그릇에 담습니다.
2 닭가슴살을 밥 위에 수북이 담아 주세요.
3 채 썬 양파를 밥 둘레에 담습니다.
4 간장과 사이다를 1:1로 섞어 뿌려 주세요.
5 달걀물을 골고루 뿌려 주세요.
6 전자레인지에 넣고 돌려 주세요.

매점 스토리

개그맨 박성호

〈개그콘서트〉를 빛낸 역대급 개그맨들이 출동하여 야간매점에서 입담 못지 않은 요리 실력으로 한판 승부를 겨루었다. 출연진이 많을 때마다 어김없이 가동되는 사전 심사에서 탈락한 윤성호가 시식 요원으로 자리한 가운데, 박준형, 정종철, 권진영의 막강 요리를 물리치고 최종 메뉴에 등극한 것은 야루상 박성호의 '닭반이므니다'였다.

등장부터 그 매력 만점의 모양으로 야간매점을 술렁이게 한 '닭반이므니다'. 닭가슴살과 풀어진 달걀의 부드러움, 혀끝을 자극하는 사이다 맛이 절묘하게 어우러져 한 끼 식사로 손색이 없는 요리였다. 얼마나 맛있었으면 MC 유재석이 그릇째 들고 시식을 할 정도였다. 그 물리지 않는 맛에 찬사가 이어졌다.

그도 그럴 것이 이 요리는 요리 전문가의 손길이 닿은 것이었더랬다. 박성호의 아내가 결혼 전 요리 학원을 다녔다고. 박성호는 그런 아내에게 늘 시간에 쫓기는 스케줄 때문에 빨리 먹고 해치울 수 있는 간단한 요리를 요청했다. 이에 아내가 요리 학원의 선생님에게 사사한 메뉴가 이것. 일본 덮밥 같은 느낌이나, 그 무엇보다 초간단한 덮밥. 한 끼 야식으로 나무랄 데 없는 메뉴 되시겠다.

맛 심사단의 평 (8명 중 6명 선택)
"안동찜닭에 밥 비빈 맛"

박명수
안동찜닭에 밥 비빈 맛!

박미선
달달한 맛이 포인트. 사이다와 간장, 닭가슴살의 조화에다 부드러운 달걀까지.

박준형
혀 위에서 닭과 계란이 손을 잡고 마중 나온 느낌.

정종철
환상적인 맛입니다.

윤성호
자꾸만 손이 가는 맛!

재미있는 응용요리

돈가스 브리또

토르티야, 돈가스, 밥, 상추, 파프리카, 피망, 양배추, 양파, 마요네즈, 허니머스터드, 돈가스 소스, 칠리 소스

1. 돈가스를 튀겨 기름을 빼놓고, 준비한 채소는 먹기 좋게 채 썰어 주세요.
2. 팬에 기름을 두르지 않고 토르티야를 앞뒤로 구워 주세요.
3. 잘게 다진 채소와 칠리 소스를 넣어서 밥을 볶아 주세요.
4. 토르티야에 허니머스터드를 바르고 상추를 깐 후 볶은 밥을 펴 올려 주세요.
5. 채소를 골고루 올리고 마요네즈를 뿌린 후, 돈가스를 올리고 돈가스 소스를 뿌려 주세요.
6. 토르티야를 김밥처럼 말거나, 내용물을 예쁘게 감싸서 접어 주세요.

밥버거

밥, 김치, 스팸, 슬라이스 치즈, 소금, 설탕, 김 가루

1. 밥은 소금 간을 약하게 하고, 햄은 도톰하게 잘라서 팬에 살짝 구워 주세요.
2. 김치는 설탕을 약간 넣어서 국물 없이 볶아 주세요.
3. 적당한 그릇에 랩을 깔고, 밥을 꼭꼭 눌러 담고 치즈, 볶은 김치, 햄순으로 올린 뒤, 다시 밥을 꼭꼭 눌러 담아 주세요.
4. 랩을 살살 당겨서 밥을 빼고 위에 김 가루를 얹어 주세요.

★ 재료
토르티야
모차렐라 치즈
볶은 김치, 토마토
양파, 청양고추
레몬즙

1 토마토를 잘게 썰고 양파 다진 것을 넣는다

2 청양고추 한 개 정도를 잘게 다져 넣는다

3

4 프라이팬에 토르티야 하나를 굽는다

5

6 볶은 김치를 잘게 썰어 올린다

적당히 섞인 김치와 치즈!
멕시코에서 돌아온
페르난도 케사디아!

CHEF 김성원

1 토마토를 잘게 썰고 양파 다진 것을 넣어 주세요.
2 청양고추 한 개 정도를 잘게 다져 넣어 주세요.
3 레몬즙을 넉넉히 붓고 골고루 섞어 주면 소스 완성.
4 프라이팬에 토르티야 하나를 구워 주세요.
5 모차렐라 치즈를 골고루 뿌려 주세요.
6 볶은 김치를 잘게 썰어 올린 다음, 토르티야 하나를 더 덮어 구워 주세요.

매점 스토리

개그맨 김성원

'브레인 특집'으로 꾸며진 이날 방송은 로버트 할리, 김영철, 원더걸스 예은, 송준근, 김성원 등 특히 외국어 분야에서 탁월한 능력을 가진 연예인들이 출동해 유머 감각을 뽐냈다. 야간매점에서도 두뇌 못지않은 맛깔나는 요리 메뉴들을 들고 나와 한판 승부를 겨루었는데~

글로벌 브레인이 모인 만큼 글로벌 메뉴들이 등장했다. 로버트 할리는 '섬모어'라는 초콜릿과 마시멜로가 결합된 요리로 미국 맛의 진수를, 김영철은 아이들을 위한 밤참 요리로 적합한 간장갈릭라면을, 예은은 남은 치킨을 효율적으로 조리해 먹을 수 있는 양념치킨떡볶이를 들고 나왔다. 하지만 김성원의 멕시코 요리에 표가 몰리고 말았다.

멕시코에서 자란 김성원은 어머니가 한국 오시면 자주 해주시는 밤참이라며 김치가 들어간 케사디야를 선보였다. 매콤 새콤한 맛의 멕시코 대표 소스인 살사메히카나에 찍어 먹는 김치와 치즈 토르티야는 맛과 향과 비주얼 모두 만족시키는 최상급의 메뉴였다. 맛을 보고 바로 아는 멕시코 말이라고 '세뇨라'를 남발하는 MC들. 그러나 '세뇨라'는 아줌마라는 뜻이란 김성원의 설명에 당황. '맛있다'는 '델리시오소(es delicioso)'라고. 시식이 이어진 후 완벽한 맛의 흥분 상태에서, MC 유재석은 외쳤으니, "세뇨라, 세뇨라, 델리시오소!(아줌마, 아줌마, 맛있어요!)" 집에서 손쉽게 만들어 먹는 멕시코의 맛, 즐겨 보시라.

맛 심사단의 평 (7명 만장일치 선택)
"한마디로 직이네예~"

유재석
세뇨라, 세뇨라, 델리시오소!

박명수
자극적인 음식은 아니지만 멕시코 느낌이 나고 김치 맛이 어울려 느끼하지 않다.

박미선
토르티야의 바삭함과 치즈와 김치의 조합, 살사의 개운한 마무리까지.

로버트 할리
한마디로 직이네예~

허경환
야간매점 요리들이 밤에 가볍게 먹는 느낌인데, 이건 완제품 같은 느낌이다.

재미있는 응용요리

살사나초

나초, 살사 소스(토마토, 양파, 청양고추, 레몬즙)

1 토마토와 양파는 잘게 썰고, 청양고추는 다지듯 썰어 주세요.
2 썰어 놓은 토마토, 양파, 청양고추에 레몬즙을 넣어 섞어 주세요.
3 나초 위에 살사 소스를 얹어 주세요. 맥주를 부르는 맛이랍니다!

토르티야햄치즈샌드위치

토르티야, 슬라이스 햄, 슬라이스 치즈, 상추, 허니머스터드

1 토르티야는 기름을 두르지 않은 팬에 약한 불로 살짝 구워 주세요.
2 토르티야에 허니머스터드를 펴 발라 주세요.
3 상추를 깔고 햄, 치즈, 햄 순서로 올리고 김밥 말듯 말아 주세요.

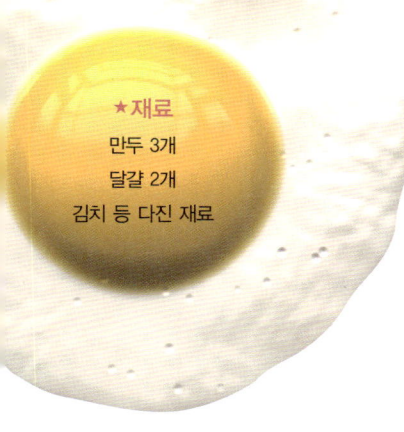

★재료
만두 3개
달걀 2개
김치 등 다진 재료

만두 세 개를 곱게 다진다

달걀 두 개를 푼다

TIP 기호에 맞게 김치 등 다진 재료를 넣어 주세요.

다진 만두와 달걀을 섞는다

남은 만두 다 모여라!
만두의 노릇노릇한 변신, 만두랑땡!
안 먹어 보면 미워할 거야~~~

TIP 중불에서 한쪽을 다 익히고 뒤집어 주세요.

CHEF 김경호

1 만두 3개를 곱게 다져 주세요.
2 달걀 2개를 풀어 주세요.
3 다진 만두와 달걀을 섞어 주세요.
4 잘 섞인 재료를 프라이팬에 부쳐 주세요.

매점 스토리

가수 김경호

다섯 싱글남이 초대되어 솔로남이 사는 법을 유쾌하게 풀어낸 이날 방송. 다섯 남자의 식사 해결도 제각각이었다. 오랜 자취 경력으로 요리 전문가가 된 이들이 있는가 하면, 배달 음식에 의존해 살아가는 이들도 있었으니, 야간매점의 야식 경쟁에서도 그 결과가 고스란히 드러났더랬다.

이날 승리를 차지한 요리는 김경호의 만두랑땡. 처음 등장했을 때, 빈대떡이나 녹두전과 비슷한 익숙한 요리라 다소 실망하는 분위기. 하지만 찌개류는 기본이고 직접 탕수육까지 만들어 먹는 베테랑 싱글남의 저력은 죽지 않았으니. 요리를 시식해 본 MC들의 반응은 본능적으로 튀어나온 찬사 일색이었다. 명절에 많이 먹는 각종 부침개가 만두랑땡 안에 모두 담겨 있다는 것이 김경호의 설명. 만두 세 개와 계란 두 개면 배불리 먹을 야식을 만들어 낼 수 있지만, 두부와 고기는 물론 잡채까지 담겨 있어 정말 온갖 전의 맛을 모아 놓은 것 같다고. 시식을 해본 출연자들의 증언으로 이는 사실임이 판명되었다. 오죽하면 MC 유재석이 "조상님들이 (명절에 이 전을 내놓으면) 어떻게 생각하실지는 모르겠지만 맛만큼은 조상님도 반하실 맛"이라고 평했을까. 묵은지 김치에 싸서 먹으면 끝내줄 거라는 첨언에 게스트들의 침 넘어가는 소리가 브라운관 밖에서도 들릴 정도였다.

맛 심사단의 평 (7명 중 6명 선택)
"맛만큼은 조상님들도 반하실 맛"

유재석 맛만큼은 조상님들도 반하실 맛!

박미선 만두가 달걀과 어우러져 고급스럽고 따뜻한 맛.

서인국 진짜 맛있다. 만두 맛이다.

박완규 박완규 수프에 햄을 빼고 만두를 넣어야겠다. (일동 충격!)

홍석천 서양 오믈렛이 생각난다. 시중에 나오면 사 먹겠다.

재미있는 응용요리

만두그라탕

만두, 스파게티 소스, 모차렐라 치즈

1. 만두는 찜통에 쪄주세요.
2. 프라이팬에 스파게티 소스를 넣고 끓이다가 찐만두를 넣어 졸이듯 끓여 주세요.
3. 소스에 졸인 만두와 남은 소스를 용기에 넣고 모차렐라 치즈를 듬뿍 올려서 전자레인지에 치즈가 녹을 정도로 돌려 주세요.

TIP 소스에도, 만두에도 기본적인 간이 있어서 따로 소금 간은 안 해도 됩니다.

감자채전

감자, 호박, 부침가루, 소금

1. 감자와 껍질 부분만 돌려 깎은 호박을 곱게 채 썰어 주세요.
2. 채 썬 감자와 호박은 소금에 살짝 절였다가 채에 받혀 물기만 빼주세요.
3. 감자채에 부침가루를 조금 넣어 섞어서 기름 두른 팬에 바삭하게 부쳐 주면 감자채전이 돼요.
4. 감자채와 호박채를 섞어서 부침가루를 넣고 기름 두른 팬에 바삭하게 부쳐 주면 호박감자채전이 돼요.

TIP 절인 감자채는 물에 씻지 않아요. 감자녹말이 전을 부치는 데 중요합니다.

★ 재료
라면
버터
다진 김치

굵은 가락국수로 볶음을 하면 더 맛있어요.

볶음면에 쓸 면은 반만 익혀 주세요.

볶음과 국물의 투톱, 라면 맛의 새 장 김치버터라면!

볶음면이 촉촉하게 국물을 부어 주세요.

CHEF 양지원

1 라면 스프는 반만 넣고 라면 한 개를 끓여 주세요.
2 끓는 라면에 다진 김치를 넣어 주세요.
3 버터 한 조각을 넣고 잘 풀어 주세요.
4 달군 프라이팬에 버터 한 조각을 녹여 주세요.
5 버터와 다진 김치를 같이 볶아 주세요.
6 볶음면에 쓸 면을 건져 주세요.
7 면을 넣고 잘 볶아 주세요.

매점 스토리

스피카 양지원

KBS 교양프로그램 〈의뢰인 K〉를 꾸려가는 네 식구, 박수홍, 이지애, 강성범, 양지원이 출연한 이날 방송. 법정 못지않은 치열한 야식 메뉴의 대결로 화제를 모았다. 지난번 출연에서 아깝게 고배를 마신 박수홍이 들고 나온 아삭이두부김치, 이지애 아나운서가 토니 오 셰프에게 직접 사사한 고구마(또는 단호박) 파이애파이, 얼음 틀에 대한 아이디어만 인정받은 강성범의 얼음틀초밥을 제치고 끝내 승리의 영광을 차지한 것은 스피카 멤버 양지원의 김버라였다.

등장부터 볶음과 국물 두 종류의 라면이 기가 막힌 외관을 자랑하며 시선을 사로잡았다. 양지원이 중학교 시절 학교 앞 분식집에서 최고 인기 메뉴였다고. 당장 자신의 메뉴가 밀릴까 조급해진 식약청 홍보 대사 박수홍이 나트륨 덩어리라고 견제하며 두 차례의 나트륨 논쟁이 있었으나, 그 맛의 유혹을 이겨 내기란 쉽지 않았다. 라면광 유재석이 먹자마자 "기가 막히네"라는 찬사를 쏟아냈고, 두 MC 모두 접시를 싹 비우고 더 달라고 말할 정도로 열띤 시식이 이어졌다. 단 하나의 걸림돌이라면 그간 라면 메뉴가 너무 많았다는 것 정도. 하지만 결과는 심사단 전원 만장일치 판결. 아마 방송을 본 시청자들도 내내 군침이 돌았을 '라면의 진화'였다.

맛 심사단의 평 (7명 만장일치 선택)
"김치의 개운함과 버터의 고소함"

유재석
김치 때문에 너무 시원하면서 버터의 고소한 맛이 그대로 살아 있다.

박미선
그냥 라면 맛이 아니라 김치의 개운함과 버터의 고소함이 절묘하다.

최효종
역대 나온 라면 요리 중 가장 맛있다.

신봉선
스프의 강한 맛을 버터가 살포시 눌러준다.

허경환
라면 잘 안 먹는데, 이건 진짜 해 먹고 싶다.

재미있는 응용요리

볶음쌀국수

쌀국수(넓은 것), 달걀, 차돌박이, 새우, 양배추, 양파, 숙주, 청양고추, 마늘, 쪽파, 소스(굴소스 2, 피시소스 1, 스윗칠리 소스 1, 고추기름)

1 쌀국수는 30분 이상 물에 불려 놓고, 숙주는 물에 씻어 주세요.
2 양배추와 양파는 채 썰고, 청양고추는 어슷 썰고, 마늘은 저며 썰고, 쪽파는 적당한 길이로 잘라 주세요.
3 달걀은 스크램블로, 차돌박이는 팬에 구워서 다른 그릇에 덜어 두세요.
4 팬에 기름을 두르고 마늘을 볶다가 새우, 양배추, 양파, 청양고추를 넣어 볶고, 소스를 넣어 주세요.
5 불려서 물기를 뺀 쌀국수를 넣어 같이 볶다 달걀과 차돌박이, 숙주를 넣어 센 불에 빨리 볶은 다음, 마지막으로 쪽파를 넣어 주세요.

매운 짬뽕라면

라면, 새우, 양배추, 양파, 당근, 호박, 대파, 청양고추, 다진 마늘, 고춧가루

1 팬에 기름을 두르고 센 불에 마늘, 양파, 새우, 양배추, 당근, 호박을 고춧가루와 함께 볶아요.
2 라면을 끓이다가 스프와 볶아 놓은 재료와 청양고추, 어슷 썬 대파를 넣고 끓여 주세요.

★재료

가래떡
꿀
간장
참기름
검은깨

TIP
떡은 반드시 완전 해동 후 물기를 제거하고 볶아 주세요.

떡이 익으면 간장 두 큰 술 정도를 부어 섞는다

이번엔 황금떡볶이다.
잘잘 흐르는 윤기는 덤!
**꿀떡꿀떡 넘어가는
정웅인표 꿀떡~**

CHEF 정웅인

1 가래떡을 먹기 좋게 썰어 프라이팬에 볶아 주세요.
2 떡이 익으면 간장 두 큰술을 부어 섞어 주세요.
3 참기름을 넣고 섞어 주세요.
4 꿀을 부어 주세요.
5 마지막으로 검은깨를 뿌려 주세요.

매점 스토리

배우 **정웅인**

대한민국 대표 남자 배우 4인의 열띤 요리 경쟁이 펼쳐진 이날의 야간매점. 나오는 메뉴마다 모두 일미였다. 두 번째 도전에 나선 유준상의 전설의 핫 주먹밥, 아이들 간식으로 종종 해주었다는 윤제문의 건강 가득한 딸기우유, 대충 볶지만 매력 만점의 밤참이자 술안주가 되는 황정민의 대충국수까지. 출품된 요리 모두 하나같이 찬사를 들은 보기 드문 경합이었더랬다.

그 와중에 등록메뉴에 이른 것은 정웅인의 꿀떡, '웅떡웅떡'이었다. 떡과 간장과 참기름과 꿀로 만들어진 꿀떡의 매력은 등장부터 감탄을 불러일으켰다. 굴 소스와 설탕이 '10대 양념'에 들어간다는 '10대 양념론'으로 웃음을 안긴 정웅인은, 배우가 아니었으면 요리사가 되었을 것이라는 멘트가 거짓이 아님을 직접 입증하였다. 써는 걸 좋아해서 아예 중국집용 칼까지 구비해 두었다는 그의 실력은 조리 과정에서도 예사롭지 않은 손놀림으로 여실히 드러났다.

결국 세 딸에게 자주 챙겨주던 음식이라며 딸 바보의 면모를 보인 정웅인의 웅떡웅떡이 이날의 만찬에서 최종 선택을 받아 정식 메뉴로 등록되었다.

맛 심사단의 평 (8명 만장일치 선택)
"달면서도 짭짤한 맛"

유재석
바삭하고 고소하고 달콤 짭짤하다.

박미선
달기만 하면 느끼할 텐데 짭짤한 맛이 잡아준다. 겉도 아주 바삭하다.

유준상
와, 맛있다. 내 것보다 맛있다.

신봉선
정말 맛있다.

황정민
맛이 귀엽다. 우리 애들에게 해줘야겠다.

재미있는 응용요리

떡강정

가래떡, 고추장, 케첩, 올리고당

1. 프라이팬에 기름을 두르고 떡을 튀기듯이 구워 주세요.
2. 팬에 고추장 케첩 올리고당을 취향대로 넣어서 끓여 주세요.
3. 끓인 양념에 떡을 넣어 버무려 주세요.

 매콤한 닭강정과 비슷한 맛의 떡강정은 야식으로 안성맞춤이랍니다.

탕수떡

가래떡, 후르트 칵테일 통조림, 파프리카, 피망, 양파, 녹말가루

1. 프라이팬에 기름을 두르고 떡을 튀기듯이 구워 주세요.
2. 파프리카, 피망, 양파는 먹기 좋은 크기로 썰어서 기름 두른 팬에 살짝 볶아 주세요.
3. 재료를 볶은 팬에 통조림 과일과 국물을 넣고 끓이다 물 녹말을 넣어 걸쭉하게 만들어요. (물 녹말은 녹말가루와 물을 1:1 비율로 섞어 주면 됩니다.)
4. 그릇에 떡을 담고 완성된 소스를 부어 주세요.

 파인애플 통조림도 OK! 떡에 녹말가루를 입혀서 구워도 OK!

★재료
백설기, 우유
각종 채소, 허브 소금
올리브유, 건포도

백설기에 우유를 붓는다

전자레인지에 1분~1분 30초 정도 돌려 비빈다

각종 채소를 먹기 좋게 다듬어 허브 소금과 올리브오일을 넣고 섞는다

처음 보는 조합, 봄 맞은 풀과 떡
새로운 봄의 맛, 봄설기~
따뜻한 봄, 건강한 음식을 먹자!

CHEF 양희은

1 백설기를 작게 자른 후 우유를 부어 주세요.
2 전자레인지에 1분 30초간 돌려 주세요.
3 각종 채소를 먹기 좋게 다듬어 허브 소금과 올리브유를 넣고 섞어 주세요.
4 전자레인지에 돌린 백설기 위에 건포도를 넣고 잘 비벼 주세요.

매점 스토리

가수 양희은

손맛의 달인이자 조미료를 안 쓰는 건강 음식 조리의 대가로 알려진 양희은. 라디오 진행 35년, 숱한 명곡들의 주인, 난치병 암을 이겨낸 우리 시대의 가수 양희은이 오늘은 요리 실력으로 또 한번 대가의 면모를 보여주었다. 1분 30초면 봄의 맛을 만끽할 수 있는 봄설기가 바로 그 주인공.

어렸을 때 어머니께서 자주 해주시던 밤참이라 늘 즐겨 먹은 음식이라고. 공연 때도 꼭 챙겨 먹는 건강 야식이다. 냉동실에 굴러다니는 백설기를 이용해 맛의 신개념을 창안한 '봄설기'의 매력에 출연자들도 다들 흠뻑 젖어들었는데.

이날은 또 하나의 막강한 경쟁 요리가 있었다. 2AM의 조권과 진운이 준비해 온 매생이라면, 일명 '봄날이라면'. 봄바다가 입으로 들어온 느낌, 통영에 온 것 같다는 극찬을 받은 이 요리. 봄설기만 아니었더라면 거뜬히 등록메뉴가 되었을 그런 요리였다. 두 요리가 야간매점 역사상 최초로 똑같이 4표를 획득. 두 음식 모두 시식 메뉴로 선정되었다.

두 음식 모두 찬사를 받았으나, 최종 선택은 봄설기였다. 음식 제출자를 제외한 5명의 심사단의 판정 결과 4:1의 스코어. 봄날이라면의 멋진 맛에도 불구하고, 참신하고 건강한 야식 메뉴가 입맛을 사로잡았다.

맛 심사단의 평 (이날은 두 요리 대결로 4:1 선정)
"고소하고 건강한 음식"

유재석
단맛과 고소함의 조화가 너무 좋다.

박미선
정말 고소하고 건강한 음식이다.

최자
(시식 후) 제가 야간매점을 너무 만만하게 봤던 것 같습니다.

개코
정말 부드럽다.

케이윌
이유식으로 먹어도 좋을 듯하다.

재미있는 응용요리

샐러드 파스타

파스타 면, 양상추, 파프리카, 브로콜리, 양파, 옥수수 통조림, 방울토마토, 치커리, 파마산 치즈, 소스(발사믹 소스2, 오리엔탈 드레싱1, 스위트칠리 소스), 소금, 후추

1 끓는 물에 소금을 넣고 파스타 면을 삶은 후, 찬물에 헹구어 체에 받혀 주세요.
2 비율대로 소스를 섞고 맛을 본 후 취향대로 소금과 후추를 넣어 주세요.
3 방울토마토는 반으로 가르고, 양파는 채 썰어 물에 헹궈서 물을 빼두세요.
4 준비한 채소는 먹기 좋게 썰고, 옥수수는 건져 주세요.
5 물기를 뺀 파스타 면에 소스를 버무려 간이 배게 해주세요.
6 그릇에 면을 담고 손질해 놓은 재료들을 얹은 후, 소스를 뿌리고 파마산 치즈를 뿌려 주세요.

떡잡채

떡볶이 떡, 어묵, 햄, 마늘, 양파, 파프리카, 소금, 맛간장

1 떡볶이 떡은 반으로 갈라서 끓는 물에 살짝 데쳐 말랑하게 만들어 주세요.
2 어묵, 햄, 양파, 파프리카 등은 먹기 좋게 채 썰어 주세요.
3 마늘을 편으로 썰어 프라이팬에 기름을 두르고 먼저 볶아 주세요.
4 마늘을 볶은 팬에 준비한 재료를 넣고 볶고, 소금 간을 약간 해주세요.
5 떡볶이 떡을 넣고 맛간장으로 간을 해주세요. 취향대로 깨를 뿌려 주세요.

 TIP 떡잡채는 고기, 버섯, 여러 채소로 다양하게 할 수 있어요. 맛간장이 없으면 불고기 양념, 짜지 않은 양념간장, 굴 소스도 OK!

★ 재료
껍질을 제거한 순대
마늘, 양파
까르보나라 소스
또는 크림수프
우유, 후추

1 마늘과 양파를 넣고 노릇노릇해질 때까지 볶는다

2

3 순대의 껍질을 제거한 후 카르보나라 소스와 볶는다

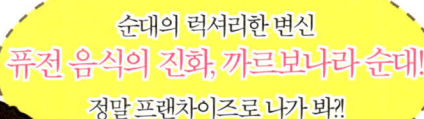
4 순대의 냄새를 없애기 위해 우유를 넣는다

5 마지막으로 후추를 살짝 뿌린다

순대의 럭셔리한 변신
퓨전 음식의 진화, 까르보나라 순대!
정말 프랜차이즈로 나가 봐?!

CHEF 이동욱

1 마늘과 양파를 넣고 노릇해질 때까지 볶아 주세요.
2 껍질을 제거한 순대를 볶아 주세요.
3 까르보나라 소스나 크림수프를 넣고 볶아 주세요.
4 순대의 냄새를 없애기 위해 우유를 넣어 주세요.
5 마지막으로 후추를 살짝 뿌려 주세요.

매점 스토리

배우 이동욱

분식점 사장님이라면 한번쯤 탐낼 만한 메뉴들이 두 종이나 나온 야간매점. 드라마에 함께 출연한 이동욱, 송지효, 임슬옹이 펼친 맛의 대결은 분식점 메뉴화로까지 거론될 만한 성과를 올렸다.

일찌감치 탈락을 확정지은 요리는 송지효의 과일튀김. 생각보다 맛있다는 항변에도 불구하고, 그냥 더운 열대 과일 맛이라는 비난과 도대체 왜 튀겨 먹어야 하나라는 의심 속에 표를 얻지 못했다. 경쟁을 펼친 것은 이동욱의 까르보나라 순대 '까순이'와 임슬옹의 비빔면을 이용한 말이 '비빔말이'였다. 두 메뉴를 합쳐 분식집 A세트로 하면 좋겠다는 평을 받았을 정도로 호각이었으나, 결국 그 신선함과 조리의 간편함에서 이동욱의 까순이가 승리했다. 까순이의 첫 등장부터 흥분한 MC유. 시식 후 유재석과 박명수의 극찬이 이어지고. 맛없어 보인다는 박미선에게 직접 리소토로 변신 과정까지 보여주며 맛의 진심을 전한 MC들. 학교 분식점 메뉴로 채택되어도 손색이 없다며, 이동욱으로 하여금 프랜차이즈 등록까지 고심하게 만들었을 정도의 찬사가 이어졌다. 모두의 만족 속에 매력 만점의 까순이, 야간매점 공식 분식 메뉴로 그 이름을 올렸다.

맛 심사단의 평 (6명 만장일치 선택)

"진짜 분식집 메뉴로도 손색이 없다."

유재석
순대의 익숙한 느낌과 까르보나라의 부드러운 맛의 찰떡궁합!

박미선
스파게티 면보다 훨씬 탱글탱글한 식감이 좋고 순대 잡내도 안 난다. 프랜차이즈 하고 싶을 정도.

송지효
이것이야말로 맛의 신세계이다!

신봉선
스파게티 면과 달리 면 속에도 양념이 되어 있다.

허경환
진짜 분식집 메뉴로 해도 될 것 같다.

재미있는 응용요리

까르보나라떡볶이

떡볶이 떡, 우유, 슬라이스 치즈, 햄, 브로콜리, 파프리카, 양파, 청양고추, 마늘

1. 딱딱한 떡은 끓는 물에 살짝 데쳐 주세요.
2. 햄, 브로콜리, 파프리카, 양파는 먹기 좋은 크기로 썰고, 청양고추는 잘게 썰어 주세요.
3. 저며 썬 마늘을 먼저 팬에 볶고, 준비한 재료를 넣고 살짝 볶아 주세요.
4. 채소를 볶은 팬에 우유를 붓고, 떡볶이 떡을 넣고 끓여 주세요.
5. 슬라이스 치즈를 넣고 적당히 졸여 주세요. 간을 보고 입맛에 따라 소금을 넣어 주세요.

순대볶음

순대, 양배추, 깻잎, 당근, 대파, 양파 등 채소, 양념장(고추장과 고춧가루는 2:1 비율로, 간장, 매실액, 청주, 다진 마늘, 들깨 가루)

1. 양념장을 만들어요. (고추장이 짤 경우 간장은 안 넣어도 되고, 청주는 소주나 맛술로, 들깨 가루는 꼭, 마늘은 넉넉히, 칼칼한 매운맛을 원하면 고춧가루의 양을 더!)
2. 준비한 채소를 먹기 좋은 크기로 썰고, 대파는 어슷하게 썰어 주세요.
3. 팬에 기름을 두르고 양배추, 양파, 당근을 볶다가, 양념의 반을 넣고 볶아 주세요.
4. 순대와 대파를 넣고 남은 양념을 넣어 순대에 맛이 배게 볶은 후, 마지막에 깻잎을 넣어 주세요.

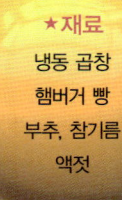

★재료

냉동 곱창
햄버거 빵
부추, 참기름
액젓

이탈리아 대표 버거 상륙,
**평범한 햄버거는 잊어라,
버거계의 혁명이다!**
고뤠~ 맛있지, 그치?

CHEF 김준현

1 마트나 편의점에서 파는 냉동 곱창을 준비해 주세요.
2 빵을 살짝 구워 주세요.
3 양념볶음곱창을 5분간 구워 주세요.
4 참기름과 액젓으로 양념된 부추를 빵에 깔아 주세요.
5 그 위에 곱창을 올리고 빵을 덮어 주세요.

매점 스토리

개그맨 **김준현**

이날 방송의 주제는 먹방 특집. 먹는 방송 하면 내로라하는 김준현, 허각, 김신영, 김성은, 박수진이 출연해 기대감을 한층 높였다. 자고로 잘 먹는 이들이 잘 만드는 법인지라 기대감이 이만저만이 아니었다.

하지만 의외의 상황이 펼쳐졌다. 첫 번째 등장한 김신영의 보리국수부터 대실망. 보리차에 국수 말아 놓은 것이라는 MC들의 실망에 이어 두 번째 등장한 김준현의 곱창버거는 곱창을 못 먹는 박명수는 아예 포기하고 유재석도 "생각보다 괜찮긴 한데…"라는 미적지근한 반응이었다. 하지만 예상외로 시식 요원인 김성은, 박수진이 극찬을 퍼부어 유재석을 당황스럽게 만들었다.

이어진 허각의 감자칩치즈토스트는 "다시 나오지 말라"는 박명수의 분노를 불러왔고, 마지막 희망이었던 김성은의 김치쌈주먹밥을 먹은 후, 오늘은 전멸이라는 반응이었다. 최종 선택은 김준현의 곱창버거. 실제로 이탈리아 피렌체에서는 곱창버거가 명물로 인기라고. 독창적인 비주얼과 달리 느끼하지 않고 거부감 없는 맛이라는 평이 많았다.

두 MC의 실망과는 달리 김준현의 곱창버거는 먹방계 최고봉들에게 극찬을 받으면서 예상외로 만장일치 선택이라는 결과를 얻어냈으니! 새로운 맛을 기대한다면, 당장 시도해 보시라.

맛 심사단의 평 (7명 만장일치 선택)
"새로운 햄버거의 맛"

김신영
매콤한 게 좋아요.

박미선
새로운 햄버거 맛이다.

김성은
두꺼운 패티보다 쫄깃쫄깃해서 먹기 가볍다.

신봉선
일반적인 느끼한 햄버거보다 매력 있다.

허경환
먹어 보니 생각보다 맛있다.

재미있는 응용요리

참치샌드위치

식빵, 참치 통조림, 오이, 양파, 사우전드 아일랜드 드레싱, 머스터드 소스, 마요네즈, 딸기잼

1 양파와 오이는 채 썰어 소금에 잠깐 절인 후, 물을 꼭 짜주세요. 물기가 없을수록 좋아요.
2 참치는 채에 받혀 물기를 빼 놓으세요.
3 아일랜드 드레싱 3과 머스터드 소스 1, 마요네즈 0.5 정도를 섞어 주세요. 맛을 보고 가감해 주세요.
4 그릇에 물기를 뺀 참치, 오이, 양파와 소스를 섞어 주세요.
5 식빵에 딸기잼을 바르고 소스에 버무린 재료를 넉넉하게 올려 주세요.

돈가스 토르티야

돈가스, 돈가스 소스, 토르티야, 파프리카, 피망, 상추(양상추), 치커리, 양배추, 양파, 허니머스터드

1 팬에 토르티야를 살짝 굽고, 기름을 약간 두른 후 돈가스를 튀겨 주세요.
2 준비한 채소(냉장고 자투리 채소 OK)를 상추만 빼고 채 썰어 주세요.
3 토르티야에 허니머스터드를 펴 바르고, 상추를 깔고 채 썬 채소를 올려 주세요.
4 돈가스를 올리고 돈가스 소스를 뿌린 후, 김밥 말듯 토르티야를 말아 주세요.

 TIP 랩이나 유산지, 종이 호일을 깔고 말아도 돼요.

제1부 야간매점 등록메뉴

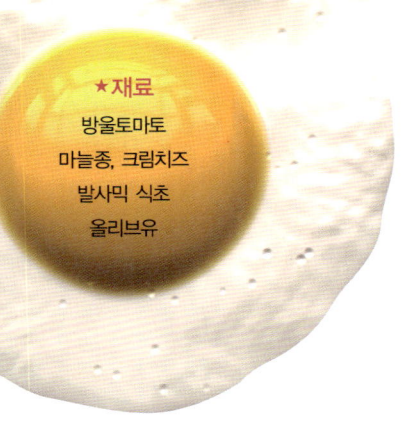

★ 재료

방울토마토
마늘종, 크림치즈
발사믹 식초
올리브유

튤립 꽃이 피었습니다.
먹기 아까운 비주얼
봄을 부르는 맛,
패셔니스타들의 선택!

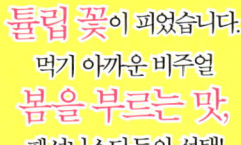

TIP
소스 비율은 취향대로 즐기세요.

CHEF 김나영

1 방울토마토에 십자로 칼집을 내주세요.
2 크림치즈를 그 사이에 채워 주세요.
3 마늘종 끼울 홈을 파고 마늘종을 끼워 주세요.
4 발사믹 식초와 올리브유를 섞어 소스를 만드세요.

제1부 야간매점 정식 등록메뉴 ★ 133

매점 스토리

방송인 김나영

패셔니스타 특집으로 꾸려진 이날 방송. 야간매점에서는 요리사들 못지않은 패션 감각을 뽐내는 요리가 대거 등장하였다. 그중 등록메뉴로 선정된 좋나영은 등장부터 범상치 않은 미모로 관심을 불러일으켰다. 빨간 토마토와 하얀 치즈, 녹색의 마늘종이 어우러져 마치 튤립을 연상케 하는 모양으로 '꽃을 품은 밤참'이란 수식어가 과언이 아니었을 정도였다.

파리에 가서 배워 온 것이냐는 질문에 잘 아는 이자카야 사장님께 전수받았다는 김나영의 생풍함에, 모양은 좋지만 맛은 썩 기대되지 않는다는 반응이 주를 이루었다. 모양보다는 맛이라는 야간매점의 철칙을 강조하며 두 MC의 시식이 시작되었다. 곧장 "어?!" 하는 놀라는 반응으로 모양만큼 맛도 좋은 밤참이라는 사실이 입증되었다. 특히 두 MC의 초딩 입맛까지 만족시킨 건강 야식이라는 점도 플러스 요인. 단점이라면 마늘종에서 풍겨 나오는 마늘의 건강한 스멜 정도.

결국 맛과 미모를 앞세운 패션 건강 요리 좋나영이 최종 등록메뉴에 선정되며, 패션과 유머와 맛이 가득했던 이날의 야간매점을 성공리에 마무리할 수 있었다.

맛 심사단의 평 (7명 중 6명 선택)
"치즈와 토마토와 마늘종의 조화"

유재석
고소한 치즈, 상큼한 토마토, 매콤한 마늘종의 맛이 조화롭다.

박명수
어? 의외로 괜찮은데.

박미선
카프레제 샐러드에 마늘종이 마무리해 주는 느낌!

뮤지
제 혀가 빠운스 빠운스! (이날 뮤지는 계속 조용필 모창을 하였음.)

허경환
치즈 맛과 토마토 맛과 마늘종 맛이 차례로 등장하는 맛!

재미있는 응용요리

카프레제 샐러드

토마토, 생모차렐라 치즈, 발사믹 소스

1 토마토는 0.5cm 정도 두께로 잘라 주세요.
2 생모차렐라 치즈도 토마토와 비슷한 크기로 잘라 주세요.
3 토마토와 모차렐라 치즈를 겹쳐 놓고 발사믹 소스를 뿌려 먹어요.

TIP 발사믹 소스는 시판되는 것을 바로 써도, 발사믹 식초와 올리브 오일을 섞어서 써도 모두 좋아요.

무쌈말이

쌈무, 햄, 맛살, 피망, 파프리카 등 채소

1 준비한 재료는 쌈무의 길이에 맞춰 적당한 굵기와 길이로 채 썰어 주세요.
2 쌈무 가운데에 채 썬 재료들을 가지런히 놓고 양쪽으로 쌈무를 접어 먹기 좋은 크기로 만들어 주세요.

TIP 보급형 월남쌈, 무쌈말이! 취향대로 재료를 준비할 수 있어 더욱 매력적이랍니다!

★ 재료

골뱅이
비빔라면
초장, 오이
파, 참기름

TIP
초장을 조금 넣어줘도 좋습니다.

TIP
처음부터 면과 함께 비비면 골뱅이가 싱거워집니다. 면의 전분 성분을 빼기 위해 꼭 손으로 헹궈 주세요.

골뱅이의 신화가 온다.
완벽한 콜래보레이션!
발음에 주의하세요. 골. 빔. 면!

CHEF 김동완

1 비빔라면의 면만 삶아 주세요.
2 양념이 잘 배도록 골뱅이를 잘라 주세요.
3 오이를 먼저 넣고 버무려 주세요.
4 비빔라면의 액상 스프를 넣고 비벼 주세요.
5 파를 채 썰어 올리고 참기름을 뿌려 주세요.
6 다 익은 면을 건져 내 찬물에 헹군 후 골뱅이와 함께 내어놓으면 끝.

매점 스토리

신화 김동완

남성 그룹 '신화' 특집으로 진행된 이날 방송. 여섯 남자의 매력과 유쾌한 유머가 시청자를 즐겁게 해주었다. 15년차 숙소 생활을 통해 단련된 요리 실력 또한 상당해, 야간매점에 대한 기대감을 한층 높였는데. 전진에 따르면, 요리왕 앤디, 요리 귀족 동완과 혜성, 생선 요리 전문가 에릭, 그리고 시식 요원 민우로 정리할 수 있다고.

특히 김동완은 야간매점 초창기에 출연해 콘셉트를 이해하지 못하고 잡탕찌개를 내놓아 제1호 불명예 전당에 올랐던 기념비적인 인물. 마침내 벼르고 벼른 만회의 순간을 맞아 요리사 친구에게 조언을 받은 골뱅이비빔면을 선보였다. 이른바 골빔면. 등장 순간, MC들의 웃음꽃이 활짝 폈다. 라면과 골뱅이의 절묘한 조합은, 맛있어 보이는 모습이 무색하지 않게 극찬을 받았다. 이어 앤디의 미국샌드위치, 에릭의 누룽지죽, 전진의 번데기파스타, 혜성의 주먹밥김치볶음이 차례로 등장하며 때론 웃음을 때론 치열한 경쟁을 불러일으켰으나, 결국 김동완의 골빔면이 찬사 속에 너끈하게 등록메뉴로 선정되었다. 이로써 김동완은 불명예 전당과 정식 등록메뉴를 동시에 점령하는 최초의 밤참 그랜드슬램을 달성하게 되었다.

맛 심사단의 평 (7명 만장일치 선택)
"맥주가 당기는 맛!"

유재석
비빔라면을 즐기는데, 아삭아삭한 식감과 맛, 그야말로 모든 게 완벽하다!

박명수
아오~~~ 맛있어!

이민우
한마디로 맛이 미쳤다!

앤디
맥주가 당기는 맛!

전진
진짜 정성이 들어간 것 같고 너무 맛있다.

재미있는 응용요리

참빔면

비빔면, 참치 통조림, 오이, 깻잎

1 비빔면의 면을 잘 삶아, 찬물에 헹구어 채에 받혀 물기를 빼주세요.
2 오이와 깻잎은 채 썰어 주세요.
3 비빔면 액상 양념과 면을 잘 비비고 기름을 뺀 참치 적당량을 섞어 주세요.
4 채 썬 채소를 올려 시원하게 드세요.

비빔물라면

비빔면, 달걀, 오이, 물, 얼음

1 달걀을 고루 굴리면서 삶고 오이는 채 썰어 주세요.
2 비빔면 액상 양념에 물을 섞어 간을 맞춰 주세요. 얼음을 넣을 경우 물의 양을 좀 줄여 주세요.
3 그릇에 삶은 면을 넣고 반으로 자른 달걀과 오이를 올리고 만들어 놓은 국물을 부어 주세요.

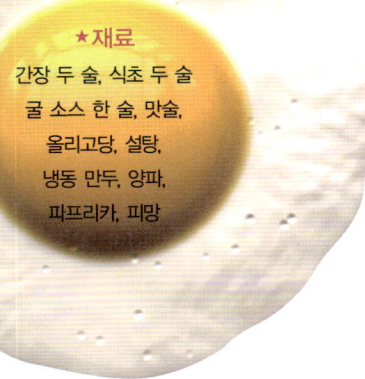

★재료
간장 두 술, 식초 두 술
굴 소스 한 술, 맛술,
올리고당, 설탕,
냉동 만두, 양파,
파프리카, 피망

간장 두 술, 식초 두 술, 굴소스, 맛술, 올리고당, 설탕으로 양념을 만든다

양파, 파프리카, 피망 등 잘게 썬 채소를 먼저 볶는다

볶은 채소에 양념을 넣는다

냄새부터 다른 만두,
페이가 소개하는
글로벌 퓨전 중식!
보기보다 어렵지 않아요~

완성

CHEF 페이

TIP
맵게 먹고 싶으면 마지막에 고추기름을 둘러주세요.

1 간장 두 술, 식초 두 술, 굴 소스, 맛술, 올리고당, 설탕으로 양념을 만들어 주세요.
2 양파, 파프리카, 피망 등 잘게 썬 채소를 먼저 볶아 주세요.
3 볶은 채소에 양념을 넣어 주세요.
4 프라이팬에 미리 구워둔 만두를 넣고 양념이 잘 배도록 저어 주세요.

매점 스토리

미쓰에이 페이

해피투게더 야간매점이 이제 세계로 뻗어나갔다. 글로벌 야간매점 특집으로 진행된 이날 방송에서는 미국 매사추세츠에서 7년을 보낸 옥택연, 미국 시카고의 교회 오빠 스타일 존 박, 중국 하이난 성 출신 미녀 미쓰에이 페이, 국내 흑인 영어 1인자로 평가받는 박준규, 호주 멜버른에서 와서 한국 군 생활을 하고 있는 샘 해밍턴까지 글로벌 연예인들이 모여 글로벌 야식 대결을 선보였다. 한국과 다른 외국의 문화와 한국 적응기, 그리고 신선하고 재기발랄한 유머로 흥겨웠던 이날 방송은 페이의 깐풍만두가 정식 등록메뉴로 선정되면서 끝이 났다.

이미 페이의 요리 실력은 널리 알려진 사실. 이날 요리도 거의 전문 요리사 수준이라는 평이 나왔을 정도. 닭고기로 만드는 깐풍기, 닭 대신 냉장고에 흔히 모셔져 있게 마련인 냉동 만두를 넣는다면? 그게 바로 깐풍만두! 핵심은 역시 양념일 터. 간장과 식초, 맛술, 올리고당, 굴 소스, 설탕의 적절한 배분으로 탄생한 페이표 깐풍 양념은 굳이 만두뿐 아니라 무슨 요리에든 무한 응용 가능한 마법의 소스라 해도 과언이 아니었다. 새콤달콤하면서도 색다른 맛으로 샘 해밍턴을 비롯한 MC와 게스트들의 폭풍 시식을 야기하며 극찬을 받았다.

맛 심사단의 평 (7명 만장일치 선택)
"와우, 예술이에요"

박명수
중국요리 먹는 느낌!

박미선
어떤 요리에도 활용 가능한 소스라는 매력이 있어 더 좋다.

샘 해밍턴
와우 예술이에요!

존 박
장난 아니네요.

박준규
만두가 바싹해서 딱딱하지 않고 약간 눅눅해져서 더 맛있다.

재미있는 응용요리

비빔만두

만두, 오이, 깻잎, 상추, 당근, 양파, 양배추 등 생야채, 고추장 소스(고추장, 식초, 매실액, 설탕, 다진 마늘, 깨소금)

1 고추장 소스를 만들어 주세요. 식초나 설탕의 양은 입맛대로 조절하세요.
2 오이, 깻잎, 양상추, 당근, 양파 등 생야채를 취향대로 고르고 채 썰어 준비해요.
3 프라이팬에 기름을 두르고 군만두를 앞뒤로 노릇노릇 바삭하게 구워 주세요.
4 접시에 채 썬 채소를 넉넉하게 깔고, 군만두를 올린 후 고추장 소스를 부어 주세요.

깐풍두부

부침용 두부, 녹말가루, 마늘, 소스('깐풍만두' 양념 이용)

1 두부를 깍둑썰기 하고 소금을 살짝 뿌려 두었다가 물기를 걷어요.
2 녹말가루를 비닐봉지에 넣고, 두부를 넣고 녹말가루가 잘 붙도록 살살 흔들어요.
3 기름을 넉넉히 두른 프라이팬에 두부를 돌려가며 노릇노릇하게 구워요.
4 페이의 깐풍만두 양념을 만들어요. (잘게 썬 채소를 볶고, 양념장을 넣어 끓여요)
5 접시에 바삭하게 구운 두부를 올리고 소스를 끼얹어요.

★ 재료

토르티야, 땅콩버터
바나나, 초코잼
모차렐라 치즈
견과류

토르티야 위에
땅콩버터를 바른다

 TIP
땅콩버터는 최대한 얇게 발라 주세요.

TIP
초콜릿을 잘게 부셔 올려도 됩니다.

모차렐라 치즈와
견과류로 마무리

바나나, 모차렐라 치즈, 초코 잼,
견과류 올려 구우면 완성

칼로리가 무섭다고 안 먹을 수 있겠니?
악마의 레시피,
거부할 수 없는 유혹,
배드걸피자!

CHEF 이효리

1 토르티야 위에 땅콩버터를 발라 주세요.
2 그 위에 얇게 자른 바나나를 얹어 주세요.
3 그 위에 초코잼을 듬뿍 뿌려 주세요.
4 모차렐라 치즈와 견과류로 마무리해 주세요.
5 예열한 오븐에 넣어 약 7분간 구워 주세요.

매점 스토리

가수 이효리

이효리의 배드걸피자는 첫 등장부터 화려했다. 안혜경의 카레 향 나는 김치전, 카레김치전을 시식한 다음이라 단 음식에 대한 욕구가 한창 높아진 시점, 초코와 바나나와 땅콩버터로 무장한 배드걸피자는 바로 MC들의 구미를 돋웠다. 보자마자 입맛부터 다신 MC들. 시식 후 일성은, 한마디로 악마의 레시피라고. 다소 고칼로리라는 부담은 떨칠 수 없으나, 도무지 거부할 수 없는 맛의 유혹에 속수무책이었다. 피곤해서 당이 필요할 때, 즉효를 발휘할 요리라고. 찬사 속에 의기양양한 이효리.

하지만 단 음식 다음엔 다시 매콤한 음식이 당기기 마련. 마침 윤승아의 초간단 밤참 메뉴인 '꼬앨밥'이 등장하면서 다시 한번 경쟁이 불을 뿜었다. 고추참치 캔 하나로 꽁치김치찌개에 자작하니 밥을 말아 먹는 느낌을 자아낸 요리에 이효리의 얼굴은 긴장감이 역력했다.

배드걸피자와 꼬앨밥의 대결로 압축되었고, 선택 결과 4:4 동률. 결국 야간매점 역사상 2번째로 두 요리 모두 시식이 결정되었으니. 두 요리 모두 심사단의 극찬을 받았으나, 배드걸피자의 그 악마 같은 중독성을 벗어나지 못한 심사단은 만장일치로 이효리의 배드걸 피자에 손을 들어주었다.

맛 심사단의 평 (8명 만장일치 선택)
"거부할 수 없는 악마의 레시피"

유재석
말 그대로 악마의 레시피다.

박명수
스트레스가 확 풀리네.

안혜경
아~ 행복하다!

요니 P
땅콩이 씹히는 맛이 죽인다.

윤승아
땅콩버터의 맛이 너무 좋다. 맛있다.

재미있는 응용요리

사과피자

토르티야, 사과, 피자 치즈, 꿀, 시나몬 가루

1 기름 두르지 않은 따뜻한 팬에 토르티야를 살짝 구워 주세요.
2 사과는 깨끗하게 씻어서 껍질째 얇게 썰어 주세요.
3 토르티야 위에 꿀을 얇게 펴 바르고 피자 치즈를 듬뿍 올려 주세요.
4 치즈 위에 썰어 놓은 사과를 돌려 얹고 시나몬 가루를 뿌려 주세요.
5 팬에 뚜껑을 덮고 피자 치즈가 녹을 때까지 약한 불로 구워 주세요.

고구마 토르티야피자

토르티야, 고구마, 우유, 옥수수 통조림, 파프리카, 피망, 양파, 피자치즈, 케첩

1 고구마를 삶아서 우유를 넣고 으깨 주세요.
2 옥수수는 물기를 빼 놓고, 파프리카 피망 양파 등은 먹기 좋게 썰어 주세요.
3 토르티야 위에 고구마 으깬 것을 약간 도톰하게 바르고, 준비한 재료를 올리고 피자치즈를 뿌려 주세요.
4 팬에 뚜껑을 덮고 피자 치즈가 녹을 때까지 약한 불로 구워 주세요.
5 먹음직스럽게 완성되면 취향에 따라 케첩을 뿌려요.

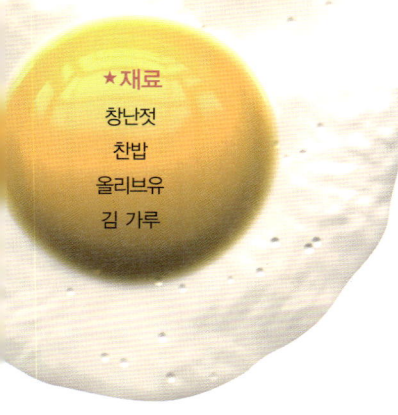

★ 재료
창난젓
찬밥
올리브유
김 가루

프라이팬에 올리브기름을 두른다

팬에 창난젓을 넣고 볶는다

TIP
이 상태에서 깻잎만 넣고 볶으면 술안주, 떡을 넣고 볶으면 창난떡볶이가 된답니다.

찬밥을 넣고 볶는다

명란이여 긴장하라,
창난의 시대가 왔다!
곱창의 스멜~
창난젓 볶음밥!

CHEF 조갑경

1 프라이팬에 올리브유를 둘러 주세요.
2 창난젓을 적당량 넣고 볶아 주세요.
3 찬밥을 넣고 볶아 주세요.
4 김 가루를 올려 내놓으면 완성!

제1부 야간매점 정식 등록메뉴 ★ 149

매점 스토리

가수 조갑경

보기에는 굉장히 화려하지만 조리법은 초간단한 창난젓 볶음밥. 자린고비 특집으로 진행된 이날 방송에서 조갑경이 들고 나온 요리는, 요리 실력이 전혀 없어도 누구든 손쉽고 간단히 해먹을 수 있는 창난밥이었다. 창난젓을 볶으면 맛이 새로워진다는 점에 착안한 조갑경의 아이디어 메뉴이다.

창난젓을 기름에 볶아 주면 곱창 맛이 난다는 점이 포인트이자, 요리의 전부이다. 기름을 두르고 창난젓을 잘 볶아 준 다음, 찬밥을 넣어 볶으면 끝. 그야말로 초간단 메뉴이다. 창난젓보다 명란젓을 더 좋아한다는 까다로운 입맛의 소유자, MC 유재석마저 한 숟갈 먹고 나면 또 한 입이 당기는 맛이라며 그 중독성을 인정했다. 박명수는 여태껏 먹어 본 볶음밥 중 가장 맛있다는 극찬을 하기도 하였다.

이날 방송에서는 자린고비 특집답게, 출연자 모두 저마다의 초간단 초저렴 메뉴를 선보였으나, 맛의 신선도와 중독성에서 가장 높은 평가를 받은 조갑경의 창난밥이 최종 메뉴로 등록되었다.

맛 심사단의 평 (7명 만장일치 선택)
"한 입 먹으면 또 한 입이 당기는 맛"

박명수
볶음밥 중 가장 맛있다!

박미선
아기자기한 창난이 쫄깃쫄깃 씹히는 것이 재미난 맛!

최효종
곱창집에서 곱창 먹고 볶아 주는 밥 같은 느낌!

신봉선
창자가 꼬들꼬들한 게 씹히는 맛도 일품이다.

성대현
웬일이야, 너무 맛있다!

재미있는 응용요리

간단 김말이

찬밥, 김, 양념간장(간장, 고춧가루, 파, 마늘, 깨소금, 참기름)

1. 간장과 고춧가루, 파, 마늘, 깨소금, 참기름을 섞어 양념간장을 준비해 주세요.
2. 김에 밥을 올려 얇게 펴고 준비한 간장을 골고루 올려 주세요.
3. 돌돌 말아 주세요.

달걀파 볶음밥

밥, 달걀, 다진 파, 굴 소스, 소금

1. 팬에 기름을 두르고, 미리 풀어 놓은 달걀을 넣어 천천히 저어가며 익혀 주세요.
2. 익은 달걀을 다른 그릇에 옮겨 놓고, 팬에 기름을 넉넉하게 두르고 다져 놓은 파를 센 불에서 볶아 주세요. 파를 넉넉하게 많이 넣어 주세요.
3. 파 냄새가 올라오면 밥을 넣고 볶다가, 굴 소스로 간을 하고 익혀 놓은 달걀을 넣어 잠깐 볶아 주세요. 모자란 간은 소금으로 해주세요.

TIP 굴 소스를 쓰지 않고 소금과 후추로 간을 해도 됩니다!

★ 재료
양파, 고추, 파프리카
마늘, 감자, 달걀 3개
핫소스, 모차렐라 치즈
케첩, 후추, 소금, 체더치즈
나초 칩, 파슬리

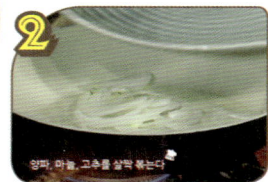

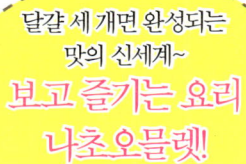

달걀 세 개면 완성되는
맛의 신세계~
보고 즐기는 요리
나초오믈렛!

CHEF 레이먼 킴

1 양파, 고추, 파프리카, 마늘 등을 얇게 썰어 주세요.
2 양파, 마늘, 고추를 살짝 볶고, 후추와 소금으로 간을 해주세요.
3 익힌 채소는 따로 두세요.
4 감자 필러로 감자를 직접 얇게 프라이팬 위에 깎아내 주세요.
5 기름을 뿌리고 그 위에 달걀 세 개를 부쳐 주세요.
6 볶은 채소와 파프리카를 올려 주세요.
7 케첩, 핫소스, 모차렐라 치즈를 올리고 앞뒤로 노릇하게 익혀 주세요.
8 접시에 올리고 체더치즈와 나초 칩, 파슬리를 잘게 올려 주시면 끝!

매점 스토리

셰프 **레이먼 킴**

야간매점 1주년 특집으로 세계적인 셰프 두 사람이 출연했다. 그 명성에 걸맞게, 야간매점 취지에 부합하는 간단한 요리임에도 불구하고 놀라운 맛을 선보여, 야간매점에 신선한 미각의 충격을 안겨주었다.

세계적인 요리사 레이먼 킴은 20년지기 친구 JK 김동욱과 함께 출연하였다. 캐나다로 이민을 가서 생계를 위해 직업으로 요리사를 택했다는 레이먼 킴. 처음엔 영어가 부족해 더 많이 부딪치고 남들보다 좀 더 노력하다 보니 어느새 세계적인 명성을 얻게 된 것.

레이먼 킴이 이날 들고 나온 요리는 나초오믈렛이었다. 쉬운 밤참보다는 한 끼 밤참으로 먹는 것이 스타일에 맞다며 든든한 요리를 들고 나왔다. 칼로 재료를 써는 현란함, 프라이팬 위의 요리를 뒤집는 화려한 기술 등 조리 과정부터가 한 편의 요리 버라이어티를 방불케 했다.

조리 과정 못지않은 상상초월의 맛으로 야간매점에 절로 환호가 터져 나왔다. 두 MC는 시식 후, 엄지손가락을 치켜들며 감탄을 금치 못했고, 시식단 모두 시식한 후에도 그 찬사는 줄어들지 않았다. 그야말로 신선한 미각 충격이라는 말 외엔 표현할 길이 없을 정도의 요리로, "역시 세계적인 셰프"임을 확실히 보여주었다.

맛 심사단의 평 (강레오 셰프의 요리와 함께 선정)
"한 편의 버라이어티"

유재석	박미선	박명수	이계인	강레오
(엄지손가락을 치켜들며) 와! 정말 고소하고 새콤달콤하고!	와~ 정말 맛있네!	진짜 요리사가 한 게 확실히 다르다!	내가 달걀 5개쯤 가져올걸!	맛있을 줄 이미 알고 있었다!

레이먼 킴 셰프가 전해주는

채소 응급 처치법

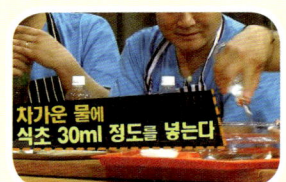

셰프들이 들려주는 셰프 이야기

주방은 군대보다 엄격하다?!

실제로 군대만큼 기강이 확실하고 계급도 10여 단계로 세분화되어 있다고. 한 접시에 여러 재료가 담기기 때문에 누구 하나가 방심하거나 늦어지면 요리 자체를 망치게 되고, 불이나 칼 등 위험한 상황에 항상 노출되어 있기 때문이라고 한다.

주방에서의 러브 스토리는 있다? 없다?

여자 요리사들은 메이크업을 하지 않고 일하고, 남녀 모두 항상 땀에 절어 있어서 연애 상대로 느끼기 어렵다고. 강레오 셰프는 여태껏 주방에서 만나 결혼한 요리사를 한 번도 본 적이 없다고 단언했고, 레이먼 킴의 경우 보기는 보았으나, 다른 사람을 만날 시간이 없어 저희들끼리 결혼한 케이스라고 확신하였다. 아쉽지만 요리사의 주방은 로맨스가 꽃피기 어려운 현실이란다.

★재료

짜장 라면, 산딸기
블루베리, 체리
메이플 시럽, 버터
아이스크림, 민트 잎

TIP
면을 바삭하게 굽는 것이 포인트입니다.

TIP
단맛이 나는 시럽은 모두 가능합니다.

하이브리드 라면땅~
진짜 와플을 뛰어넘는
새로운 와플 디저트!

CHEF 강레오

1 삶은 면을 기름을 두른 프라이팬에 올려 주세요.
2 팬에 버터를 녹여 와플의 풍미를 내주세요.
3 라면의 양면이 익을 때까지 고루 구워 주세요.
4 라면 와플 위에 산딸기, 블루베리, 체리를 얹어 주세요.
5 메이플 시럽을 토핑 위에 뿌려 주세요.
6 숟가락으로 아이스크림을 올리고 민트 잎을 올려 주세요.

매점 스토리

셰프 강레오

어린 시절 논밭과 과수원을 소유한 부농이셨던 할머니 곁에서 자란 덕에 음식이 끊이지 않는 환경에서 크며 어릴 때부터 요리에 관심이 많았다고. 그러다 중3 시절, 미래에 대한 고민 끝에 잘하는 것을 하며 좋아하는 것을 즐기자는 맘을 먹고 요리사의 길을 걸었고, 그 결과 세계적인 셰프 강레오가 탄생한 것.

앞서 레이먼 킴이 한 끼 식사에 준하는 밤참을 들고 나왔다면 강레오 셰프의 메뉴는 디저트 메뉴였다. 짜장 라면 면발로 만든 와플이라는 신선한 아이디어 메뉴. 간단하지만 맛과 비주얼은 놀라워 또 한번 야간매점의 미각 충격을 안겨주었다.

심심해서 직원들과 함께 개발했는데, 직원들이 너무 맛있게 먹었다며 자신 있게 소개한 메뉴는 예전 라면땅 느낌에 신선한 각종 과일과 아이스크림의 맛이 조화를 이루는 특별한 요리였다. 비주얼에서부터 심상치 않은 매력을 뿜어낸 짜플에는 흠잡을 데가 없는 요리라는 찬사가 따라붙었다.

세계적인 셰프들의 맞대결이라는 명성에 걸맞게 두 요리 모두 극찬에 극찬을 받으며 최종 선정에 긴장감이 넘쳤는데, 서바이벌로 진행된 이날 대결에서는 두 요리가 동률을 이뤄 최초로 공동 선정되는 영예를 누렸다. 그야말로 명불허전이 무엇인지 보여 주는 야식 대결이었다.

맛 심사단의 평 (레이먼 킴 셰프 요리와 공동 선정)

"흠 잡을 데가 없는 요리"

유재석
와플보다 이 라면 와플이 더 낫다.

박명수
그냥 '단맛' 이런 게 아니라, 단맛 자체가 막 구별이 된다!

박미선
아이스크림콘의 과자 부분을 좋아하는데, 그처럼 달지 않고 고소한 맛의 조화가 놀랍다!

신봉선
굉장히 바삭바삭하고 새콤하고 너무 맛있다.

레이먼 킴
내 것보다 나은 것 같다.

강레오 셰프가 전해주는

오렌지 깎는 법 : 오렌지 세그먼트

오렌지 위, 아래를 잘라낸다

동그란 면을 따라 껍질을 도려낸다

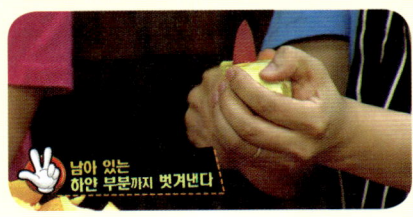
남아 있는 하얀 부분까지 벗겨낸다

선을 따라 칼을 넣어서 알맹이만 쏙~

주방용 천연세제

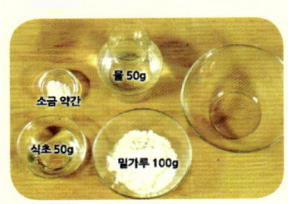

1 물 50g, 소금 약간, 식초 50g, 밀가루 100g

2 비율에 맞게 섞어 준다.

 TIP 미리 만들어 놓고 보관하셔도 돼요.

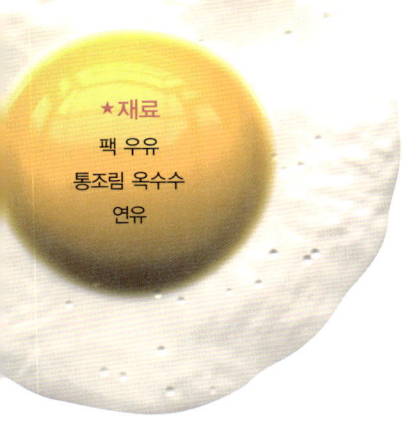

★ 재료
팩 우유
통조림 옥수수
연유

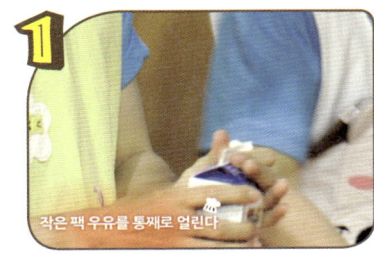
1 작은 팩 우유를 통째로 얼린다

2 그릇에 넣고 숟가락으로 잘게 부순다

눈 위에 내린 노란 보석
톡톡 터지는 이 맛~
전혀 새로운 빙수, 콘빙수!

3 그 위에 통조림 옥수수를 넣는다

CHEF 데니 안

 TIP
옥수수와 연유의 양을 알맞게 맞춰 주세요.

4 마지막으로 연유 한 사발~

1 작은 팩 우유를 통째로 얼려 주세요.
2 얼린 우유를 그릇에 넣고 숟가락으로 잘게 부어 주세요.
3 그 위에 통조림 옥수수를 넣어 주세요.
4 마지막으로 연유를 부어 주세요.

매점 스토리

가수 데니 안

아이돌 1세대로 한 시대를 풍미했던 대표 그룹(H.O.T, 젝스키스, G.O.D, NRG) 멤버들이 '핫젝갓알지'라는 이름으로 출연한 이날 방송에서는 데니 안의 콘빙수가 제43호 야간매점 정식 메뉴로 등록되었다.

음식을 해본 적도 거의 없고 실력도 없다고 실토한 데니 안. 심지어 자신의 메뉴가 뽑힐 거라는 기대를 조금도 하지 않은 까닭에 요리 이름도 미처 정하지 못하고 나왔다고.

콘빙수가 처음 등장할 때만 해도, 이미 여러 차례 빙수 메뉴가 나온지라 조금 식상하다는 반응이었다. 옥수수 통조림을 좋아해 집에 많이 사두는데, 이를 활용한 빙수라는 데니의 설명. 실제로 동남아에서는 금방 상하는 팥 대신 옥수수를 넣은 '마이스콘옐로'라는 이름의 빙수가 유명 먹거리 중 하나라고. 그 맛을 간단하게 살려낸 것이 포인트였다.

식상하다는 첫인상과는 달리 시식을 시작한 MC들은 데니의 설명이 이어지는 와중에도 연신 숟가락을 멈추지 못할 정도로 중독되었다. 색다른 맛이라는 점 그리고 쉽게 빙수를 해먹을 수 있다는 점, 무엇보다 간단한 조리법 등 여러 가지 측면에서 야간매점 메뉴로 적합한 요리였다. 결국 만장일치 선택을 받아 정식 등록메뉴가 되었다.

맛 심사단의 평 (9명 만장일치 선택)
"색다르고 중독성 있는 맛"

유재석
오! 맛은 있네. 자꾸만 손이 간다.

토니 안
이거 진짜 맛있다. 고소한 우유, 달콤한 연유, 짭짤한 콘의 다양한 맛이 난다.

천명훈
대박이다! 빙수 기계가 없어서 집에서 먹기 힘든 빙수를 쉽게 해먹을 수 있다.

신봉선
이건 너무 맛있어요!

은지원
콘수프 맛과 빙수 맛이 어우러져 묘하다!

재미있는 응용요리

딸기요거트 스무디

얼린 딸기, 플레인 요거트, 우유, 시럽(올리고당이나 설탕)

1 믹서에 얼린 딸기(6개 정도)와 플레인 요거트(1개, 85g)를 넣고 갈아 주세요.
2 취향에 따라 시럽 등을 같이 넣고 갈아 주세요.

TIP 얼린 딸기가 잘 안 갈리면 우유를 조금씩 넣어 가며 갈아 주세요. 우유를 많이 넣으면 농도가 묽어집니다.

프라푸치노

우유, 커피, 얼음, 시럽(올리고당, 설탕, 꿀 등)

1 커피를 진하게 준비해 주세요. 에스프레소도 좋고, 인스턴트커피나 믹스 커피도 좋습니다. 커피 많이, 물 조금입니다.
2 우유와 얼음을 믹서나 블렌더로 갈아 주세요. **빡빡한** 걸 좋아하면, 얼음 많이 우유 조금. 얼음이 잘 안 갈리면, 우유 먼저 넣고, 얼음을 조금씩 넣어 가면서 갈아 주세요.
3 커피를 넣고 갈아 주세요. 시럽은 취향대로 넣어 주세요.

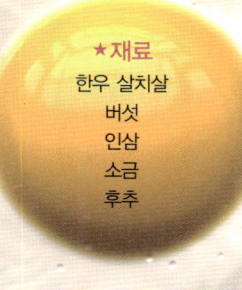

★ 재료
한우 살치살
버섯
인삼
소금
후추

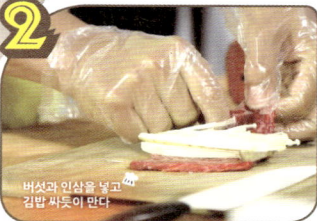

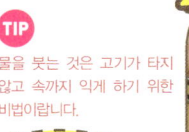

TIP
돌돌 만 다음 이쑤시개로 고정시켜 주세요.

TIP
물을 붓는 것은 고기가 타지 않고 속까지 익게 하기 위한 비법이랍니다.

제대로 된 몸보신~
국가대표급 보양식,
**버섯과 인삼을
품은 고기 말이!**

CHEF 이운재

1 넙적한 한우 살치에 소금과 후추로 밑간을 해주세요.
2 버섯과 인삼을 넣고 김밥 싸듯이 말아 주세요.
3 말아 놓은 고기를 달군 프라이팬에 올려 주세요.
4 프라이팬에 물을 약간 부어 주세요.
5 수분을 보존해 재료를 찌기 위해 뚜껑을 덮어 주세요.
6 물을 조금 더 넣어 마무리해 주세요.

매점 스토리

전 국가대표 골키퍼
이운재

이날 야간매점에는 전 국가대표 유상철 선수와 이운재 선수, 한준희 축구해설가, 개콘 축구단 멤버인 양상국과 김지호 등이 출연해, 축구에 얽힌 비하인드 스토리와 일화들을 맘껏 풀어놓았다. 대한민국 축구 역사의 상징적 선수들이 출연한 만큼, 이날 야간매점의 주제는 바로 보양식. 등록메뉴로 선정된 요리는 이운재 선수가 선보인 국가대표급 보양식, 국대말이였다.

소고기와 버섯과 인삼이라는 불패의 재료들이 조화롭게 어우러진 고기 말이 메뉴였다. 기존의 야간매점 기준에서라면 고가의 재료에 핀잔을 들었을 법도 하나, 이날은 국대급 보양식을 찾는 것이 목표. 가격이나 시간보다 영양이 우선 기준이었기에, 국대말이가 압도적인 찬사 속에 메뉴 등록에 성공했다.

수원 고깃집 가운데 이운재 선수 사인이 없는 곳이 없을 정도로 고기를 좋아하는 이운재 선수. 사실 에너지가 필요한 운동선수에게는 단백질이 풍성한 고기가 필수. 여기에 버섯과 인삼의 맛이 어우러졌으니, 두말할 필요가 없는 맛이었다. 미관은 물론, 보양에다 맛까지 덤으로 딸려온 매력 만점의 메뉴다. 특히 여름철 기력을 돋우는 데 강력 추천할 만하다.

맛 심사단의 평 (7명 만장일치 선택)
"입 안이 건강해지는 맛이 난다"

박명수
인삼과 고기의 완벽한 조화다!

박미선
고기와 버섯의 식감이 좋고 건강한 느낌. 아이들도 잘 먹을 보양식이다.

한준희
1등 할 자격이 있다.

유상철
인삼 냄새가 고기 냄새를 잡아 주며 잘 어우러진다.

양상국
조금만 더 주세요.

재미있는 응용요리

토마토찜

토마토, 시럽(올리고당이나 꿀), 아몬드

1 토마토는 꼭지를 칼로 도려내고 윗부분을 십자로 깊게 칼집을 내주세요.
2 찜통에 토마토를 넣고 10분 정도 쪄서 익힌 후 껍질을 벗겨 주세요.
3 칼집을 낸 사이로 시럽을 뿌리고, 잘게 다진 아몬드를 올려 주세요.

뚝배기 불고기

소고기, 당면, 당근, 양파, 대파, 팽이버섯, 불고기 양념(간장, 양파즙, 마늘, 매실액, 후추 등)

1 소고기는 핏물을 닦아 내고, 양념에 재워 놓아요. 불고기 양념은 취향대로 해주세요.
2 당면은 미리 물에 불려 놓고, 준비한 채소는 먹기 좋은 크기로 썰어 주세요.
3 뚝배기에 불린 당면과 양념한 불고기, 썰어 놓은 채소를 넣고 물을 자작하게 붓고 끓여 주세요.
4 팽이버섯을 넣고 마무리를 해주세요.

TIP 당면은 익으면서 불어나니 물을 약간 넉넉하게 부어 주세요.

"해피투게더는 예능!"
우린 맛보다 웃음을 선사하러 왔다!
기상천외하거나 황당하거나,
하지만 덕분에 많이
웃을 수 있었던 메뉴들 1

고창석의 물국수

힘들었던 시절 물에 국수를 말아 배를 채웠던 슬픈 사연을 간직하고 있으나, 정말 물맛뿐이라 모두를 놀라게 만들었던 메뉴. 아내에게도 해줬다가 맞아 죽을 뻔 했다는 초간단 국수로, 이후 야간매점에서 두고두고 회자된 전설과도 같은 메뉴가 되었다.

도대체 어떤 비법의 국수길래...?

명절의 마무리
잡탕찌개

김동완의 **전골요리**

초창기 야간매점에 출연했던 김동완. 야간매점의 취지를 제대로 캐치하지 못해, 웬만해선 도전해 보기도 어려울 정도로 손이 많이 가는 전골 요리를 들고 나왔다. 요리 자체는 맛있었으나, 야간매점 출품 요리의 나쁜 예로 한동안 회자되었다. 그러나 김동완은 두 번째 출연에서 골빔면을 들고 나와 등록메뉴에 오르며 명예를 회복했다.

초간편(?) 한상차림
누룽지 세트

박주미의 **며느리의 밥상**

야간매점 세트에 "다시는 박주미 씨와 같은 일이 없기를"이라는 표어까지 등장하게 만든 그 메뉴. 누룽지와 반찬으로 차려진 밥상을 들고 나왔는데, 엄마 부재중 밥상이라는 평가를 받았다. 한마디로 그냥 밥 대신 누룽지로 한 끼 식사를 차려온 것. 역대 최고의 황당 메뉴로 어마어마한 웃음 폭탄을 안겨준 후, 불명예 전당의 표어를 탄생시켰다. 하지만 "누가 뭐래도 제게 누룽지는 야식입니다"라는 박주미의 멘트에 야간매점은 웃느라 정신이 없었다.

눈물이 담긴
떡볶이죽

김유석의 **떡볶이죽**

러시아 유학 시절 고국의 떡볶이가 너무 그리워 직접 시도해 본 요리라는 슬프고도 아련한 사연에도 불구하고, 떡볶이가 되고 싶은데 죽이 되어 버린 요리 자체에 대한 평가는 단호했다. 시식을 한 MC들의 한마디. "그냥 잘 안 먹을 것 같아요."

이제훈의 **아메리칸블랙퍼스트**

여행 가서 먹은 아침 요리가 저녁에도 먹고 싶고 다음 날도 먹고 싶을 만큼 계속 생각이 나서, 집에 와서 재현해 보았다는 메뉴. 우선 아침상인데다, 거의 서양식 한 상 차림이라 박주미의 며느리 밥상 수준이라는 평을 받았다. 맛은 있으나, 역시 야간매점 야식의 취지에서 벗어난 메뉴.

김태우의 **기름국**

배고프던 시절 멤버들과 나눠 먹었다는 추억의 레시피. 사연에 감동도 있고 깊이도 있었으나 맛에 대한 평가는 그에 미치지 못했다. 심지어 몸에도 그다지 좋지 않을 것 같은 메뉴. 김태우 역시 당시에도 먹고 배가 아팠다고 실토했다.

김범수의 **떡고물밥**

김범수가 진행하는 라디오 프로그램의 청취자가 보내준 메뉴 중에서 가장 마음에 드는 것으로 골라온 것이라는 떡고물밥. 이름까지 지어 왔으니, '찬밥 신세 경사 났네'였다. 하지만 제대로 이름을 붙여보기도 전에, 밥에다 떡고물만 묻힌 성의 없는 레시피에 어이없다는 반응을 얻은 메뉴.

사유리의 3종 세트

일본에서 유행하는 '이 맛과 저 맛을 섞으면 이런 맛이 난다'를 야간매점에서 재현한 메뉴. 우롱차와 사이다를 섞어 맥주 맛을 내고, 오이와 꿀을 섞어 멜론 맛을, 푸딩과 간장을 섞어 성게 맛을 낸다고 메뉴를 소개하였으나, 전혀 동의를 얻지 못하고 외려 사기 메뉴라는 비난을 받아 웃음을 자아냈다.

이윤석의 족발탕

보양식을 주제로 한 야간매점에서 그야말로 보양식 족발탕을 내놓은 이윤석. 건강에 좋은 음식임에는 틀림이 없으나, 시식한 MC 유재석이 절로 몸서리를 칠 정도의 맛을 선보였으니. 이윤석 자신도 "건강에 좋다고 했지, 맛있다고는 하지 않았다"며 실토한 메뉴. 이날은 보양식을 주제로 하였으나 아이스크림 요리가 선택되었는데, 외려 이윤석은 매우 만족한 모습으로 아이스크림을 시식했다.

박완규의 박완규 수프

유기농은 가라, 악마의 햄크림수프. 그야말로 MSG의 결정체라 할 수 있는 메뉴이다. 맛과 간단함을 내세우는 야간매점 특성상 건강의 요소는 종종 뒷전으로 밀어두기도 하지만, 이건 해도해도 너무했다는 평. 느끼함은 물론, 건강 위해 요소 또한 높다는 비난에, 정작 박완규 본인은 블링블링한 요리라고 평가해 야간매점 출연자들이 포복절도하였더랬다.

요리 스토리

김영철의 누나 친구가 아이들에게 밤참으로 만들어 주던 야식 메뉴라고. 등장부터 좋은 냄새가 한가득했던 요리. 끓여 먹는 라면이 지겨울 때, 색다르게 먹는 한 방법이다. 한번쯤 재미 삼아 별식으로 만들어 먹어 볼 만한 맛이라는 평가를 받은 메뉴.

| 재료 |

라면, 간장
참기름
마늘
설탕
김치

TIP
찬물에 헹궈도 간은 얇게 배어 있답니다.

1 스프를 반만 넣고 라면을 끓여 주세요.

라면 수프를 반만 넣고 끓인다

2 국물은 버리고 삶은 면만 건져 내 찬물에 헹궈 주세요.

면을 건져내 찬물에 헹군 후 건진다

3 간장 반 술, 참기름 약간, 마늘 다진 것, 설탕 조금, 김치를 넣어 주세요.

간장 반 술, 참기름 약간, 마늘 다진 것, 설탕 조금, 김치물 넣고 비비면 완성

4 맛있게 비벼 주면 끝!

고슬고슬한 면발

요리 스토리

존 박이 홍콩에 놀러가 특별 밤참으로 먹어 본 요리. 집에 돌아와서 다시 만들어 보게 되었다고. 홍콩라면의 포인트는 달걀을 터트리지 않고 프라이를 만들어 올려 두는 것이다. 햄과 달걀을 함께 넣고 풀어서 끓이면 기름도 올라오고 국물이 풀어지는데, 따로 잘 구운 햄과 달걀 프라이를 올려 줘 깔끔한 국물 맛과 재료의 조화를 느낄 수 있다. 별미 라면이다.

| 재료 |

하얀 국물 라면

달걀

햄

TIP
햄과 달걀을 위해 하얀 국물 라면은 필수입니다.

1 달걀을 터트리지 않고 부쳐 주세요.

2 햄을 노릇하게 부쳐 주세요.

3 하얀 국물 라면을 하나 끓여 주세요.

4 끓인 라면 위에 부쳐 둔 달걀과 햄을 올려 주세요.

요리 스토리

매생이 하나로 환골탈태한 라면의 맛! 강력한 라이벌 요리가 있어 정식 메뉴 등극은 아쉽게 이루어지지 않았으나, 다른 때였으면 응당 정식 등록메뉴가 되었을 것이라는 평가가 지배적이었다. 야~ 하는 탄성과 기가 막히다며 MC들의 강력한 추천 평가를 받은 최고의 해장 밤참.

| 재료 |

라면

매생이

1 끓는 물에 매생이를 풀어주세요.

2 라면과 스프를 넣고 끓여 주면 끝!

 TIP
매생잇국은 속이 뜨거우므로
드실 때 화상에 주의하세요.

요리 스토리

매력 만점의 요리들이 쏟아진 식신 특집 방송에서 또 하나의 별미로 평가받았던 문희준의 토토라면. 평소 토마토케첩을 좋아했다는 문희준, 라면과의 과감한 결합을 시도해 성공시켰다. 토마토케첩 한 스푼이 빚어낸 새콤하고 깔끔한 맛. 사골 라면과 토마토의 조화로 국물이 느끼하지 않고 깔끔해 해장으로도 손색이 없다는 평을 받았다. 이제 토요일엔 토토라면~

재료

사골 라면

토마토

토마토케첩

1. 사골 라면 한 봉지를 끓여 주세요.

2. 라면 스프를 넣을 때 토마토케첩 한 스푼을 함께 넣어 주세요.

사골라면과 토마토의 조화!

3. 먹기 좋게 썬 토마토를 올리고 살짝 끓여 주세요.

토마토가 라면 속에 풍덩!

요리 스토리

피부미용과 재학 시절, 허경환이 엠티에 가서 여자들에게 끓여 주었다는 라면죽. 아침에 밥은 있는데 양이 부족해, 라면을 투여하고 계란을 넣어 급히 만들어 낸 메뉴. 당시 이 라면죽을 먹은 여자들이 맛있어서 껌뻑 죽었다며, 다 달려들어 난리가 났다고. MC들의 시식 후, 허언이 아님이 입증되었다. 자신도 모르게 계속 떠먹게 되는 마성의 죽!

| 재료 |

라면

밥

계란

1. 라면을 봉지째 작게 부셔 주세요.

2. 팔팔 끓는 물에 밥과 부셔 둔 라면을 넣어 주세요.

3. 라면 스프도 넣고 팔팔 끓을 때까지 끓여 주세요.

4. 마지막에 달걀 하나를 풀고 잘 섞어 잠깐 끓여 주면 완성!

요리 스토리

밤에 출출할 때 간단히 먹기에 제격인 밤참. 황정민이 소주 안주로 대충 만들어 자주 해먹는다고. 일견 평범해 보이지만, 냉장고에 있는 재료들을 최대한 활용한 고명으로 다양한 맛을 즐길 수 있다. 무엇보다 쉽고 간편하게 만들 수 있어, 활용도가 높다는 점이 추천할 만하다. 숙주의 아삭함과 고기의 쫄깃한 맛으로, 식감과 미각을 모두 만족시키는 메뉴.

| 재료 |

닭고기
가락국수
숙주나물
청양고추
굴 소스
각종 야채

1 프라이팬에 닭고기와 가락국수를 볶아 주세요.

2 가락국수와 닭고기 위에 삶은 숙주나물과 청양고추, 굴 소스를 넣어 주세요.

 TIP
양념은 오직 굴 소스로만 해 주세요.

3 잘 비벼서 드시면 끝!

요리 스토리

거의 작품 수준에 육박했다는 평가를 받은 고품격 고등어 파스타. 비주얼 점수로도 최강, 요리 실력도 최상, 고등어와 파스타의 만남이 빚어낸 맛도 일품. 김민준이 덴마크 코펜하겐에 갔을 때 호텔에서 먹어본 요리에 착안해, 자반고등어를 이용해 만든 메뉴이다. 시식한 MC들이 호텔 레스토랑 요리라고 극찬할 정도의 품격과 맛을 갖춘 야식.

| 재료 |

자반고등어
파스타 면
가다랑어 포

1 먹고 남은 자반고등어 반쪽을 숟가락으로 으깨 주세요.

2 파스타 면을 삶아 주세요.

3 으깬 자반고등어와 파스타 면을 함께 볶아 주세요.

4 가다랑어 포를 올려 주세요.

요리 스토리

집에서 만들어 먹는 냉파스타 요리. 운동을 위해 체중 관리가 필수였던 추성훈. 계체량 후에 탄수화물을 몰아 먹어야 하는데 입맛이 떨어진 상황에서 자주 찾은 음식이라고. 간단하고 시원하게 입맛을 돋우는 야식이다. 레스토랑 부럽지 않은 메뉴라는 평가를 받았다. 특히 이날 추성훈은 생마늘 다지기, 통후추 갈기, 맨주먹 시식 등으로 수준 높은 셰프의 실력을 유감없이 발휘해 환호를 받았다.

| 재료 |
토마토
스파게티 면(카펠리니)
생치즈, 발사믹 식초
바질, 올리브유
생마늘, 소금
통후추, 블랙 올리브
레몬

TIP
토마토는 먹기 좋은 크기로 잘라 주세요.

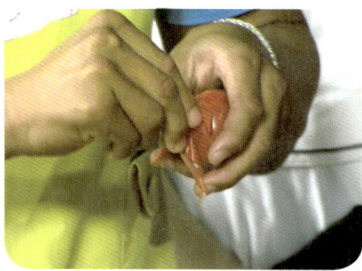

1 끓는 물에 소금을 넣고 토마토를 살짝 데쳐, 찬물에 식힌 후 껍질을 벗겨 주세요.

2 토마토를 자르고, 생마늘 다진 것, 레몬즙, 바질, 블랙 올리브를 함께 넣어 주세요.

3 삶은 면을 넣고 올리브유, 통후추, 발사믹 식초 등의 양념을 차례대로 넣어 주세요.

4 토마토와 천생연분인 생치즈를 올려 주면 끝.

요리 스토리

등장부터 탄성을 자아낸 최강 비주얼, 먹는 순간 감탄이 절로 나오는 맛으로 야간매점을 흥분의 도가니로 몰아넣었던 야식 메뉴. 이탈리아 레스토랑 메뉴인 뇨키를 한국식으로 재해석한 요리로, 김아중이 야간매점 코너를 위해 직접 개발한 음식이라고. 크림수프와 만두 속 고구마의 환상적인 조화에 레스토랑에서 바로 팔아도 될 정도라는 평을 받았다. 야간매점 메뉴치고 손이 많이 간다는 점이 유일한 단점.

| 재료 |

만두피

고구마 또는 맛밤

양송이 수프 또는 크림수프
(시중 판매 제품)

TIP 뇨키는 이탈리아 요리로, 버터와 치즈에 버무린 수제비 같은 요리랍니다.

1. 고구마 또는 맛밤을 삶아서 으깨 주세요.

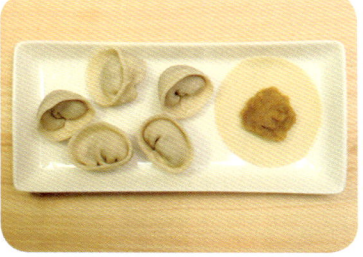

2. 만두피에 으깬 고구마를 올리고 빚어 주세요.

3. 시중에 판매하는 양송이 수프(크림수프)에 빚은 만두를 넣어 주세요.

4. 보글보글 끓여 주시면 끝.

요리 스토리

박수홍의 골뱅이묵쌈은 골뱅이와 도토리묵의 풍미가 어우러지며, 약간 짜다고 느껴질 즈음, 오이의 시원함이 등장해 입맛을 돋운다. 맛도 모양도 좋은 건강 음식. 호텔 고급 애피타이저로도 손색이 없다는 박명수의 극찬이 사실인지, 직접 만들어 드셔 보시길.

| 재료 |
- 도토리묵
- 골뱅이
- 오이
- 간장
- 매실액

TIP 핑거 푸드이니, 젓가락으로 집지 말고 손으로 살짝 받쳐 드세요.

1 도토리묵, 골뱅이를 비슷한 크기로 썰어 주세요.

2 오이는 감자 깎는 칼로 길게 잘라 주세요.

3 오이에 도토리묵과 골뱅이를 적당히 올리고 감싸 주세요.

4 간장과 매실액을 혼합한 양념을 올려 주세요.

요리 스토리

야간매점에 두 번 출연해 두 번 모두 매력 만점의 요리를 선보이며 찬사를 받았으나, 운이 나쁘게도 정식 메뉴로는 등록하지 못한 박수홍. 그러나 매번 발군의 요리를 선보이며 실력을 입증하였다는 평. 전혀 짜지 않고, 두부의 담백한 맛과 고추의 아삭한 맛이 어우러진, 신선하고 담백한 밤참 메뉴.

| 재료 |

아삭이 고추
두부
김치
들기름
달걀
매실청

1 김치를 잘게 썰어 주세요.

2 들기름과 달걀, 매실청을 함께 넣어 볶아 주세요.

3 볶다가 으깬 두부를 넣어 서로 어우러지게 볶아 주세요.

4 아삭이 고추 속을 파낸 후, 그 안에 볶은 두부김치를 채워 주세요.

요리 스토리

야간매점 MC 신봉선이 인터넷을 통해 알게 된 레시피로 직접 출품한 메뉴. 여름 대표 별미로 손꼽히는 콩국수를 집에서 간편하게 해먹을 수 있다. 신봉선이 알고 있는 최저 칼로리의 음식이라고. 우유와 두부로 내는 국물의 맛이 콩국수와 거의 똑같다는 호평을 받았다. 식사 대용으로 먹을 때는 절편을 썰어 넣어 주면 더욱 좋다고.

| 재료 |

우유
두부
소금

1 믹서기에 우유 200ml와 두부 1/4모를 넣어 주세요.

2 소금을 약간 넣어 주세요.

 TIP
국수 면이나 절편을 넣으시면 콩국수로 드실 수 있어요.

3 믹서기에 갈아 주면 완성!

요리 스토리

다이어트를 위한 웰빙 메뉴. 박건형이 단골 일식집 사장님과 콜라보로 개발한 비법 육수는? 가다랑어 포와 다시다와 무를 넣고 끓여 낸 육수. 여기에 곤약 면을 담가서 먹기만 하면 되는 간편하면서도 맛있고 건강한 요리이다. 오독오독한 곤약 면의 식감 또한 좋고, 육수의 시원한 맛이 일품이라는 평가를 받은 야식 메뉴.

| 재료 |

곤약 면
가다랑어 포
다시다
무

1 가다랑어 포와 다시다와 무를 준비해 주세요.

2 준비된 재료들을 넣고 끓여 육수를 만들어 주세요.

 TIP
취향에 따라 고기 등의 고명을 얹어 드세요.

3 육수에 곤약 면을 넣고 라면 끓이듯 잠깐 끓여 주면 끝.

요리 스토리

평범한 계란말이의 모양이 주는 범상함. 맛의 비밀은 으깬 고구마이다. 직접 주말농장을 하는 부모님이 재배하신 고구마로 박지선이 개발한 메뉴. 고구마의 탄수화물과 달걀의 단백질이 조화를 이루어서 아이들 건강 간식으로 손색이 없는 야식이라는 평을 받았다. 달걀말이를 할 때, 으깬 고구마만 얹어 주면 되는 초간단 요리로, 맛과 영양 모두 인정받았다.

| 재료 |

달걀
고구마
케첩

1. 삶은 고구마를 으깨 주세요.

2. 달걀을 풀어서 익혀 주세요.

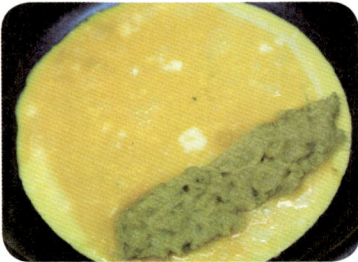

3. 달걀을 말기 전에 으깬 고구마를 올려 주세요.

4. 돌돌돌 만 다음, 취향에 따라 케첩 등을 뿌려 주세요.

요리 스토리

파프리카의 예쁜 색 때문에 더욱 식감을 돋우는 야식 메뉴. 임형준이 아내의 산후 다이어트 음식이라며 소개한 파프리카달걀찜은 간단하지만 건강한 찹쌀이 밤참이다. 비타민 C가 풍성한 파프리카의 아삭한 식감과 달걀과 케첩 등 재료의 앙상블이 돋보이는 맛으로 호평을 받았다. 색깔이 예뻐서 아이들 구미에도 딱 맞는 음식.

| 재료 |

파프리카
우유
달걀
베이컨 또는 햄
치즈
케첩

TIP
양파는 물이 많이 나오니 삼가 주세요.

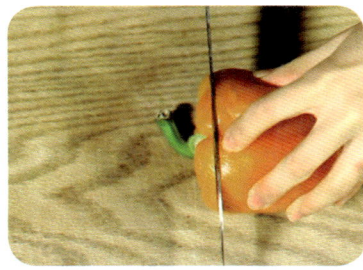
1 파프리카 끄트머리를 잘라내고 속을 파주세요.

2 우유와 달걀을 잘 풀고 베이컨이나 햄 등 먹고 싶은 재료를 섞어 주세요.

3 내용물을 파프리카에 담아 전자레인지에 5분간 돌려 주세요.

4 꺼내자마자 치즈 한 장을 올리고, 취향에 따라 케첩을 뿌려 주세요.

요리 스토리

배우 임수향이 학창 시절 공부하기 싫을 때 시험 공부 안 하고 개발했다는 야식 메뉴. 점수와 맞바꾼 요리, 그 맛은? 무난하게 합격점을 받았다. 고구마가 물러졌을 때, 재활용 방법으로도 탁월하다는 평가를 받았다. 전체적으로 고소한 맛에, 바삭한 만두피의 식감, 각종 속재료가 내는 별미가 잘 어우러져 나무랄 데 없는 맛을 내는 웰빙 밤참이다.

| 재료 |
으깬 고구마
옥수수
모차렐라 치즈
만두피

1 고구마와 옥수수를 으깨어 버무려 주세요.

2 만두피 위에 으깬 고구마와 옥수수를 넣고, 모차렐라 치즈를 올려 주세요.

3 만두피를 잘 빚은 다음, 프라이팬에 노릇하게 구워 주세요.

요리 스토리

주먹밥과 볶음김치의 조화가 돋보이는 음식. 신혜성이 실제로 즐겨 해먹는 밤참이라고. 요리의 메인은 아삭한 볶음김치이다. 김치의 양념이 다 빠져나가지는 않게 반 정도의 느낌으로 헹구고, 후추와 설탕을 넣어 아삭한 맛을 내는 것이 포인트이다. 무르지가 않고 굉장히 아삭한 볶음김치 맛에 MC들도 감탄 연발. 단점이라면 맥주가 자꾸 당기는 맛이라는 점.

| 재료 |

김치
김
후추
설탕
식초
소금

1 물에 살짝 헹군 김치를 볶다가 후추를 많이 넣어 주세요.

2 아삭한 맛을 위해 설탕을 넣고 볶아 주세요.

3 식초로 간을 한 밥을 버무리고 김 가루를 묻혀 주먹밥을 만들어 주세요.

요리 스토리

보기만 해도 신기한 달걀 면발! 끓는 물에 빠르게 익혀 체에 걸러 주면, 걸러지면서 바로 면발이 만들어 진다고. 야간매점에 식상한 메뉴는 들고 나오기 싫어 연구했다는 케이윌의 아이디어가 돋보인 메뉴였다. 조금 싱겁게 먹는 건강한 맛이 요리의 매력 포인트 가운데 하나. 마침 함께 출연한 김종국의 이름을 딴 요리로, 특히 운동하시는 분에게 추천하는 야식 메뉴.

| 재료 |
달걀 10개
식초
멸치육수
애호박
당근
양념 간장

1 식초를 넣어 주세요.

2 큰 체를 냄비에 받치고 작은 체에 달걀을 부어 주세요.

TIP
흰자만 넣으면 응고가 잘되지 않으니 노른자와 함께 풀어 주세요.

3 멸치육수에 달걀면을 넣고 고명을 올리고 양념장으로 간을 맞춰 주세요.

요리 스토리

가벼운 밤참을 먹자며 칼로리 부담이 높은 요리를 선보여 웃음을 자아낸 로버트 할리. 단맛 때문에 공부할 때 정신이 들게 하고 피로를 가시게 하는 브레인 야참으로 추천한다. 달콤한 초콜릿과 부드러운 마시멜로의 쫀득한 맛이 인상적이라는 평. 집에서 만끽하는 미국의 맛, 즐겨 보시길.

| 재료 |

동그란 모양 쿠키
마시멜로
초콜릿

1. 동그란 쿠키에 마시멜로를 올려 주세요.

2. 그 위에 초콜릿을 하나 올려 주세요.

 TIP
마시멜로의 칼로리는 100g에 약 327kcal로 생각보다 높지 않답니다.

3. 다른 쿠키로 덮은 후, 전자레인지에 10초간 돌려 주세요.

단떡볶이

복잡한 떡볶이는 가라,
이보다 더 간편할 수 없는
초간단 떡볶이!

엄정화

요리 스토리

밤참 하면 떠오르는 대표 야식에 떡볶이가 빠질 순 없는 법. 엄정화가 들고 나온 초간단 떡볶이 메뉴. 식혜와 떡과 어묵만 있으면 오케이. 옛날 학교 앞에서 팔던 추억 속 떡볶이 맛을 집에서 간단하게 재현해 먹을 수 있다는 것이 가장 큰 장점. 의외로 까다로운 떡볶이 양념 때문에 즐기지 못했다면 식혜 한 캔을 사서 당장 만들어 보시길.

| 재료 |

식혜 한 캔
떡볶이 떡
어묵
고추장
고춧가루

1. 식혜 한 캔을 밥알 빼고 냄비에 붓고 끓여 주세요.

2. 식혜가 끓으면 고추장 1큰술 반, 고춧가루 1작은술을 넣고 끓여 주세요.

3. 끓기 시작하면 떡과 어묵을 넣고 계속 끓여 주세요.

4. 예쁘게 담아내면 완성!

요리 스토리

식빵에 큐브 참치를 올리고 그 위에 치즈를 녹여 만든 참치 토스트. 치즈와 참치의 어울림이 인상적이며, 색감부터가 먹음직스러운 야식이다. 보기와는 달리 식탐이 많다는 민효린, 다이어트를 하며 계속 굶다가 도저히 못 견뎌서 집에 있는 재료로 만들어 먹는 중에 탄생한 요리. 1분이면 끝나는 초간단 레시피라는 점도 야식 메뉴로 손색이 없다.

| 재료 |

식빵

큐브 참치

치즈

1 식빵에 큐브 참치를 취향대로 올려 주세요.

2 그 위에 치즈 한 장을 올려 주세요.

3 전자레인지에 1분 동안 돌려 주세요.

4 치즈와 참치가 녹아들면 꺼내 주세요.

요리 스토리

'우리'라는 이름의 모델로도 유명한 차세대 총무로 기대주 김윤혜. 스무 살에 이모가 된 그녀가 조카를 위해 방송에서 본 식빵핫도그를 응용해 개발한 야식 메뉴이다. 밀가루 대신 식빵으로 바나나를 감싸 구워 낸 바나나 핫도그는 아이들이 딱 좋아할 만한 간식으로 강력 추천을 받았다. 바나나와 식빵의 궁합이 일품인 밤참.

| 재료 |

식빵
바나나
달걀
빵가루
올리브유

1 식빵을 납작하게 눌러 주세요.

2 납작해진 식빵으로 바나나를 감싸 주세요.

3 달걀물을 묻히고 빵가루를 입혀 주세요.

4 올리브유에 구워 주세요.

요리 스토리

유효기간이 짧은 식빵을 활용한 살림꾼 김지민의 아이디어 간식 메뉴이다. 식빵 안에 양파와 피망, 치즈와 케첩만으로 조화롭고 깔끔한 맛을 낸 치즈 채소스틱. 맛과 모양과 조리법까지 모든 면에서 야간매점의 기준을 충족시키는 메뉴이다. 특히 양파와 피망의 아삭한 식감과 치즈의 느끼함까지 잡아주는 깔끔한 맛이 호평을 받았다.

| 재료 |
- 식빵
- 치즈
- 양파
- 피망
- 케첩

1 밀대 혹은 빈 병으로 식빵을 납작하게 눌러 주세요.

2 그 위에 치즈를 올려 주세요.

3 양파와 피망을 먹기 좋게 잘라 올리고 케첩을 뿌려 주세요.

4 전자레인지에 돌리거나 프라이팬에 구워 주세요.

요리 스토리

식신계의 여왕으로 등극한 박지윤, 평소 패스트푸드점의 애플파이를 무척 좋아하던 그녀가 임신 당시 집에서 만들어 먹을 방법을 궁리하다 발굴해 낸 메뉴. 여러 재료로 시험해 본 결과, 춘권피가 딱이었다고. 과일과 춘권피의 조화가 일품이라는 평가와 당장 팔아도 될 만큼 진짜 애플파이의 맛이 난다는 호평을 받은 메뉴였다.

| 재료 |

바나나
사과
춘권피
설탕
계핏가루

1 취향만큼 넣은 설탕과 계핏가루에 사과와 바나나를 각각 조려 주세요.

2 조린 과일에 춘권피를 둘둘 말아 주세요.

3 프라이팬에 올리고 노릇하게 구워 주세요.

요리 스토리

야간매점 출품을 위해 임원희의 아내가 특별 개발한 레시피. 설탕과 계핏가루가 들어가는 보통 호떡 소와 달리, 묵은김치와 치즈로 소를 만든 점이 차별점이다. 모차렐라 치즈와 버터의 고소한 맛에 묵은김치가 잡아주는 매콤한 맛의 조화가 일품이라는 평을 받았다. 씹히는 식감 또한 쫀득쫀득하고 바삭바삭해 최고라고. 특별한 호떡이 먹고 싶을 때 즐길 수 있는 메뉴.

| 재료 |
묵은김치
밀가루
콘 샐러드
베이컨
모차렐라 치즈
버터

1 묵은김치, 콘 샐러드, 베이컨 등을 살짝 볶아 주세요.

2 밀가루로 호떡 반죽을 해주세요.

3 볶은 재료들과 모차렐라 치즈를 반죽 위에 올려 주세요.

4 프라이팬에 버터를 두르고 재료를 넣은 호떡 반죽을 노릇하게 구워 주세요.

요리 스토리

김말이를 가장한 비빔말이의 등장이다. 맛을 간단히 요약하자면 '김말이 + 새콤달콤'이라고. 시식 직후 "어떻게 이렇게 맛있지?"라는 찬사가 나온 메뉴이기도 하다. 튀겨도 비빔면의 새콤달콤한 맛이 그대로 살아 있어, 튀김 특유의 느끼함까지 잡아 준다. 당장 분식집 메뉴로 팔아도 손색이 없다는 호평을 받은 밤참이다.

| 재료 |

비빔면
김
튀김가루

1. 비빔면의 면을 반만 삶아 주세요.

2. 소스는 하나 다 넣고 비벼 주세요.

3. 비빔면을 김으로 말아 주세요.

4. 튀김옷을 입혀 튀겨 주세요.

요리 스토리

배추 위에 김으로 싼 밥과 강된장으로 구성된 사골라면쌈밥. 요리의 핵심은 곰탕 라면에 불린 밥이다. 곰탕 라면에 밥을 말아 먹다가 아이디어가 떠올라, 정준호가 아내에게 연애 당시 만들어 주었다는 아이디어 메뉴이다. 자칫하면 느끼할 수도 있을 맛을 김과 강된장과 배추로 조화롭게 마무리한다며 여느 쌈밥 못지않다는 찬사를 받은 야식이다.

| 재료 |

곰탕 라면
밥
김
배추 속
강된장

1 곰탕 라면 하나를 끓여 주세요.

2 끓인 곰탕 라면에 밥을 넣어 불려 주세요.

3 라면에 불린 밥을 김에 싸주세요.

4 김에 싼 밥을 배추에 올리고 강된장을 올려 주시면 끝!

요리 스토리

허각이 직접 자주 만들어 먹었다는 간단 김밥 메뉴. 속재료는 짭짤한 햄과 청양고추. 힘들었던 어린 시절, 초등학교 3학년 때부터 혼자 밥을 해먹어야 했던 허각. 참기름과 소금에 밥을 버무려 먹었고, 그것이 김밥용 속밥의 원형이 되었던 것. 이후 계속 업그레이드 되어 나온 눈물 젖은 김밥이 바로 매운김밥. 매콤짭짤한 맛이 식욕을 돋우는 야식 메뉴이다.

| 재료 |

밥
김
참기름
소금
청양고추
햄
깨소금

1 참기름과 소금에 밥을 버무려 김밥용 속밥을 만들어 주세요.

2 속밥을 김에 얇게 올려 주세요.

 TIP
매운맛을 줄이려면 청양고추의 씨를 빼고 드세요.

3 김 위에 속밥과 청양고추, 햄을 올려 말아 주세요.

4 깨소금을 살살 뿌려 주세요.

요리 스토리

집에 전자레인지 하나만 있으면 다양한 종류의 칩을 즐길 수 있다! 어묵, 슬라이스 치즈, 감자, 고구마 등 다양한 재료를 바삭한 칩으로 바꾸어 먹는 재미가 일품이다. 맛 또한 의외로 상당히 좋아서 시식한 MC들이 깜짝 놀랐던 야식 메뉴. 모양도 딱 과자 같아서, 과자가 먹고 싶을 때, 튀기지도 않고 양념도 하지 않아 건강하고 부담 없는 주전부리로 손색이 없다.

| 재료 |

감자
고구마
어묵
슬라이스 치즈

1 감자와 고구마를 얇게 썰어 전자레인지에서 2분 30초 돌려 주세요.

2 어묵을 먹기 좋은 크기로 썰어 전자레인지에서 2분간 돌려 주세요.

3 슬라이스 치즈를 전자레인지에서 2분간 돌려 주세요.

요리 스토리

유인나가 본인이 DJ를 맡고 있는 라디오 방송에서 청취자들에게 공모를 받아 들고 나온 레시피였다. 정체는 명란젓 토르티야 피자. 애청자가 보내준 최강의 레시피에 시식을 해본 두 MC 모두 대만족하였다. 고소하고 달콤한 맛에 명란젓의 짭쪼름함이 보태져 매우 만족스러운 맛이었다는 평가를 받았다. 명란과 옥수수가 입 안에서 터지는 것 또한 매력 포인트! 너무 맛있어서 또 있나? 하고 묻게 된다는 또인나!

| 재료 |

명란젓
토르티야
마요네즈
옥수수
모차렐라 치즈

1 명란젓과 마요네즈를 섞어 토르티야 위에 발라 주세요.

2 옥수수와 치즈 토핑을 취향대로 얹어 주세요.

 TIP
명란젓을 많이 넣으면 짤 수 있으므로 조절을 잘해 주세요.

3 오븐이나 전자레인지에 넣고 구워 주세요.

요리 스토리

맛도 맛이지만, 김남주가 소개한 요리 스토리 또한 이색적이었다. 첫 아이 출산 직후, 김남주의 집에 모인 대한민국 일곱 남자(조인성, 이정재, 장동건, 현빈, 황정민, 공형진, 김승우)에게 대접한 메뉴라고. 별들도 인정한 그 맛의 비결은 송송 썰어 넣은 신 깍두기의 맛과 식감. 너무 맛있고 씹는 맛도 일품이라는 평에, 스타 후광까지 더해진 매력 만점의 밥찬이다.

| 재료 |

찬밥
깍두기
고추장
버터
후추
달걀
김

1. 깍두기를 잘게 다져 주세요.

2. 달군 프라이팬에 버터를 녹이고 다져 놓은 깍두기를 넣고 볶아 주세요.

3. 깍두기가 볶아지면 밥을 넣고 함께 볶아 주세요.

TIP
깍두기 국물도 함께 넣어 주세요.

4. 자글자글 소리가 나면 고추장과 후추를 넣고 더 볶아 주세요.

5. 밥을 꾹꾹 눌러준 다음, 생김을 수북이 올려 주세요.

6. 마지막으로 반숙 달걀 프라이를 올려 주세요.

요리 스토리

'치느님'이라고 불릴 정도로 국민들에게 사랑받는 치킨. 양념치킨을 사먹고 남은 몇 조각, 처치하기 곤란할 때가 많다. 이때 냉장고에 잘 넣어 두었다가, 양념치킨볶음밥으로 재활용하면 된다. 남은 치킨을 찢어 치킨 양념과 함께 볶으면 간단히 완성되는 메뉴. 여기 치즈만 올려주면 누구의 입맛에나 맞는 맛있는 밥이 탄생한다.

| 재료 |

남은 양념치킨
양념치킨의 양념
밥
모차렐라 치즈

1 남은 양념치킨을 잘게 찢어 주세요.

2 잘게 찢은 치킨과 양념치킨 양념을 밥과 함께 넣고 볶아 주세요.

3 모차렐라 치즈를 위에 올리고 녹을 때까지 볶아 주세요.

TIP
취향에 따라 달걀, 야채 등을 추가해 드세요.

요리 스토리

밤에 먹기에 간편하고 든든한 메뉴. 콩나물해장국과 가다랑어 간장이 조화를 이룬 맛이라는 평가를 받았다. 출연자들 사이에 이런저런 견제의 말이 오가는 사이 MC들은 한 공기를 뚝딱 비워 버렸을 정도. 맛도 맛이지만 2분이면 뚝딱 완성되는 그 간편함이 야식으로는 제격이다.

| 재료 |

밥
김치
가다랑어 간장
달걀
김

1 밥에 김치를 송송 썰어 올려 주세요.

2 물 10술, 가다랑어 간장 2술을 끓여 주세요.

3 끓으면 달걀을 깨트려 넣어 반숙해 주세요.

4 달걀과 김을 김치 위에 올리면 끝!

요리 스토리

두 번째 도전에 나선 유준상. 야간매점 첫 출연에 들고 나온 '막밥'의 업그레이드 버전이다. 이번에는 어른들의 입맛에 맞게 약간 매운맛을 냈다. 막밥과 핫주먹밥 모두 핵심은 다양한 재료를 이용해 막 볶아 주는 것. 일견 평이해 보이지만, 먹어 보면 계속 손이 가는 맛이라는 평가를 받았다. 냉장고에 있는 재료로, 출출할 때 바로 해먹을 수 있다는 간편함 역시 야식 메뉴로서의 장점이다.

| 재료 |

냉장고에 있는 여러 재료(피망, 당근, 양파, 햄 등)

밥

고추장

김 가루

1 햄, 피망, 당근 등 갖은 재료를 넣어 막 볶아 주세요.

2 고추장과 김 가루를 넣고 볶아 주세요.

3 밥을 식힌 후, 동그랗게 말아 주세요.

요리 스토리

어린 시절 시골에서 자란 오지호. 부모님께서 일을 나가시고 안 계실 때, 친구들과 밭에서 바로 양파 캐서 프라이팬에 뚝딱 해먹던 야식이라고. 그대로 먹기보다는 밥과 함께 반찬 삼아 먹을 수 있는 메뉴로, 그야말로 초간단한 요리. 씹히는 소리부터 아삭하고 의외로 중독성 있는 맛이 난다. 뜨거운 밥에 막 한 간장양파를 올려 먹으면 금상첨화.

| 재료 |

양파
간장
깨

TIP
갓 지은 따끈한 밥과 함께 먹으면 금상첨화랍니다.

1 양파를 먹기 좋은 크기로 작게 썰어 주세요.

2 프라이팬에 양파를 넣고 간에 맞게 간장을 넣어 볶아 주세요.

3 접시에 옮겨 담고 깨를 뿌려 주면 끝!

요리 스토리

컵라면 속에 참치와 밥이 들어간 독창적인 메뉴. 〈1박 2일〉 촬영 당시, 게임에서 져 적은 비용으로 한 끼를 해결해야 하는 상황에서 김종민이 내놓은 추천 레시피였다고. 비주얼은 좀 호감이 안 갈지 몰라도 일단 먹어 보면 그 맛을 알게 된다는 메뉴. 우동 컵라면과 참치의 고소한 조화가 돋보인다는 평을 받았다.

| 재료 |

튀김류의 우동 라면

즉석 밥

캔 참치

TIP 일반 라면이 아닌 튀김류의 우동 라면이 필수입니다.

1. 빈 용기에 참치 한 캔을 통째로 넣어 주세요.

2. 그 위에 즉석 밥을 통째로 넣어 주세요.

3. 그 위에 면과 건더기를 올리고 스프를 뿌린 후 끓는 물을 부어 주세요.

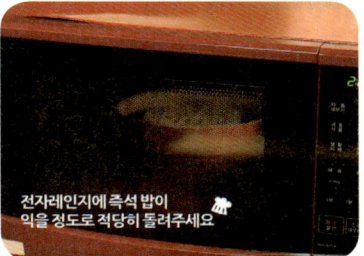

4. 전자레인지에 즉석 밥이 익을 정도로 적당히 돌려 주세요. (2분 30초 정도)

요리 스토리

배우 정우가 소개한 후식 메뉴. 아이스크림과 콜라의 조합만으로 신선한 밤참 메뉴가 탄생했다. 너무 간단한 조리법과 비주얼에 썩 신뢰감이 가지 않았으나, 일단 맛을 본 후의 반응은 무척 좋았다. 외국 맛이 난다, 우유 탄산음료의 열린 맛인데 매우 특이하다, 만족스럽다 등의 반응을 얻었다. 하지만 호불호가 엇갈려 최종 메뉴 등극엔 한 표가 모자랐던 아쉬운 메뉴.

| 재료 |

바닐라 아이스크림

콜라

1. 바닐라 아이스크림을 그릇에 담아 주세요.

2. 그 위에 콜라를 조금만 부어 주세요.

TIP
아이스크림을 먹고 콜라를 넣으면 뿜어내게 되어 있으니 꼭 비벼서 조금씩 드세요.

TIP
콘플레이크를 넣어 먹으면 더욱 맛있답니다.

3. 살짝 비벼 주세요.

요리 스토리

팥 아이스크림 하나로 만든 팥죽. 처음 재료를 듣고 반신반의하는 마음에 술렁거렸던 야간매점. MC들의 시식 후 첫 반응은, "이게 아이스크림으로 만든 거라고요?" 시식 후 반전 상황이 연출된 것. 정말 맛있는 단팥죽이 아이스크림 하나로 탄생하는 순간이었다. 유명 팥집에서 파는 팥죽 맛이라는 평까지 받았으나, 정식 등록메뉴가 되기엔 한 표가 모자랐다.

| 재료 |

팥 아이스크림

1 팥 아이스크림 막대를 제거한 후 3등분해 주세요.

2 아이스크림을 냄비에 넣고 중간 불로 끓여 주세요.

3 국물이 졸아들 때까지 계속 저어 주세요.

"해피투게더는 예능!
우린 맛보다 웃음을 선사하러 왔다!"
기상천외하거나 황당하거나,
하지만 덕분에 많이
웃을 수 있었던 메뉴들 2

김신영의 보리국수

고창석의 물국수에 비견될 만한 메뉴. 식신계의 일원인 김신영의 요리라 다들 기대하였으나, 그만큼 실망이 컸던 메뉴. 문자 그대로 보리차에 면만 넣은 메뉴였다. 면 좋아하는 유재석조차 한 입에 먹을 수 없었다. 그러나 본인은 꿋꿋이 어르신들의 새참 메뉴 1위에 해당하는 요리라고 주장했다.

다이나믹 듀오 최자의 **계란탕**

음식을 소개할 때부터 GI 지수(혈당 지수)를 계속 언급하며 요리의 가치를 높이려 시도하였으나, 계란 넣고 끓인 라면에서 면만 뺀 음식이라며 도대체 왜 이렇게 먹어야 하느냐는 비난을 받았다. 결국 최자가 "제가 야간매점을 너무 쉽게 본 것 같습니다"라고 고해까지 하게 만든 야식 메뉴.

김종국의 **닭가슴살 셰이크**

건강 전도사 김종국은 야간매점 코너 자체가 국민 건강을 해치는 코너라며 맹비난을 하더니, 역시나 최강의 건강식을 들고 나왔다. 문제는 문자 그대로 오로지 건강만을 위한 요리라는 것. 맛보자마자 MC 유재석이 자신도 모르게 몸을 부르르 떨게 만든 메뉴. 하지만 운동하는 사람들이 건강과 단백질 보충을 위해 만들어 먹으면 좋은 메뉴라고.

조정석의 **볶음김치버거**

초딩 입맛 MC 유재석이 좋아하는 김치와 햄과 빵이 모두 들어가 기대를 모았던 메뉴. 그러나 최종 평가는? "김치와 햄, 빵 다 좋아하는데, 셋이 뭉치면 안 되겠다"는 것. 재료의 조화와 개성을 맛으로 잘 살려내지 못한 메뉴가 되었다.

이영아의 **된장곤약국수**

곤약이 들어간 좋은 음식임에는 이견이 없었다. 하지만 맛을 내지 않는 곤약이다 보니, 그냥 된장찌개일 뿐이라는 평을 받았다. 포인트는 곤약인데, 된장찌개 맛있는 걸 찾는 게 더 중요하겠다고. 한발 더 나아가 늘 곤약을 주머니에 상비해 다니다가 맛있는 찌개를 보면 곤약을 재빨리 꺼내 넣으면 되겠다는 조리법 추천까지 나왔다.

김준현의 **맛살초밥**

맛살을 밥 위에 올리고 김을 둘러 초밥 모양을 낸 맛살초밥. 그 모양은 그럴듯하였으나, "전혀 초밥 같지 않다. 맨밥에 맛살일 뿐"이라는 냉정한 평가를 받았다. 그러나 김준현은 이후 곱창버거로 등록메뉴에 등극하는 영예를 누렸다.

이상윤의 **라면 3종 세트**

잘생긴 외모, 뛰어난 연기력, 서울대 학벌 등 엄친아의 전형인 이상윤이 내놓은 라면 3종 요리. 웬만하면 맛있게 나오는 것이 라면 요리임에도 불구하고, "이거 먹고 서울대 간 거예요?"라는 반응을 불러일으키며, 라면 좋아하는 유재석도 감히 좋다 말하기 힘들었다는 그 메뉴.

환상의 조화를 위해 뭉쳤다

허각의 **감자칩치즈토스트**

허각이 내놓은 문자 그대로 감자칩과 치즈를 올린 토스트 메뉴. 역시 식신계와 먹방계에서 빠질 수 없는 허각인지라 기대가 많았던 야간매점 출연자들. 하지만 시식한 박명수, 거두절미 한마디를 날렸으니, "도대체 왜 왜 왜! 너 다시 나오지 마라!" 박명수의 분노를 불러일으킨 메뉴, 그 맛이 궁금하시다면 도전해 보시기를.

중년의 품격 장뇌삼 라면

김수로의 **장뇌삼라면**

역대 야간매점 메뉴 중 가장 비싼 요리로 꼽힐 만한 메뉴. 라면에 장뇌삼과 전복이 들어간 문자 그대로 보양 라면이다. 일단 구하기 힘들고 고가의 재료가 들어갔다는 점에서 야간매점 야식 기준을 완전히 벗어났다. 심지어는 그 좋은 재료가 들어갔음에도 라면의 맛에 대한 반응 역시 시큰둥해서 큰 웃음을 자아냈다. 야간매점에서 다시 나오기 힘든 희귀하고 고귀한 라면 메뉴가 아닐까.

이 맛이냐 저 맛이냐 NRG탕

천명훈의 **NRG탕**

누룽지와 떡볶이의 콜래보레이션 메뉴를 준비해 온 천명훈. 하지만 비주얼부터가 식상하다는 평을 받으며 위기를 맞았다. 반전을 노리며 자신만의 비법을 공개하였는데, 웬만한 떡볶이엔 다 들어간다는 물엿이었다. 그냥 떡볶이를 들고 나온 것이라는 박한 평가부터, 누룽지와 떡볶이의 장점을 모두 잃은 최악의 콜라보 참사라는 혹평까지 들어야 했다.